Volumen 1 Temas 1 a 7

Autores

Randall I. Charles
Professor Emeritus
Department of Mathematics
San Jose State University
San Jose, California

Jennifer Bay-Williams
Professor of Mathematics Education
College of Education and Human Development
University of Louisville
Louisville, Kentucky

Robert Q. Berry, III
Professor of Mathematics Education
Department of Curriculum, Instruction and Special Education
University of Virginia
Charlottesville, Virginia

Janet H. Caldwell
Professor Emerita
Department of Mathematics
Rowan University
Glassboro, New Jersey

Zachary Champagne
Assistant in Research
Florida Center for Research in Science, Technology, Engineering, and Mathematics (FCR-STEM)
Jacksonville, Florida

Juanita Copley
Professor Emerita, College of Education
University of Houston
Houston, Texas

Warren Crown
Professor Emeritus of Mathematics Education
Graduate School of Education
Rutgers University
New Brunswick, New Jersey

Francis (Skip) Fennell
Professor Emeritus of Education and Graduate and Professional Studies
McDaniel College
Westminster, Maryland

Karen Karp
Professor of Mathematics Education
School of Education
Johns Hopkins University
Baltimore, Maryland

Stuart J. Murphy
Visual Learning Specialist
Boston, Massachusetts

Jane F. Schielack
Professor Emerita
Department of Mathematics
Texas A&M University
College Station, Texas

Jennifer M. Suh
Associate Professor for Mathematics Education
George Mason University
Fairfax, Virginia

Jonathan A. Wray
Mathematics Supervisor
Howard County Public Schools
Ellicott City, Maryland

Matemáticos

Roger Howe
Professor of Mathematics
Yale University
New Haven, Connecticut

Gary Lippman
Professor of Mathematics and Computer Science
California State University, East Bay
Hayward, California

Asesores de ELL

Janice R. Corona
Independent Education Consultant
Dallas, Texas

Jim Cummins
Professor
The University of Toronto
Toronto, Canada

Revisores

Robert Curran
Instructional Math Coach
Duval County Public Schools
Jacksonville, Florida

Megan Hanes
Math Coach
Marion County Public Schools
Ocala, Florida

Connie Jeppessen
Elementary Math Instructional Coach
Hernando County School District
Brooksville, Florida

Jacqueline LeJeune
Mathematics Academic Coach
Hillsborough County Public Schools
Tampa, Florida

Lesley Lynn
Academic Math Coach
Hillsborough County Public Schools
Tampa, Florida

Christina Pescatrice Mrozek
Assistant Principal
Orange County Public Schools
Orlando, Florida

Pam Root
Teacher
Felix A. Williams Elementary
Martin County School District
Stuart, Florida

Ashley Russell
Elementary Math Teacher
Chets Creek Elementary
Jacksonville, Florida

Tiffany Thibault
Lead Teacher
Lake County Schools
Tavares, Florida

Shanna Uhe
Math Academic Coach
Hillsborough County Public Schools
Tampa, Florida

Copyright © Savvas Learning Company LLC. All Rights Reserved. Printed in the United States of America.

This publication is protected by copyright, and permission should be obtained from the publisher prior to any prohibited reproduction, storage in a retrieval system, or transmission in any form or by any means, electronic, mechanical, photocopying, recording, or otherwise. For information regarding permissions, request forms, and the appropriate contacts within the Savvas Learning Company Rights Management group, please send your query to the address below.

Savvas Learning Company LLC, 15 East Midland Avenue, Paramus, NJ 07652

Savvas™ and **Savvas Learning Company™** are the exclusive trademarks of Savvas Learning Company LLC in the U.S. and other countries.

Savvas Learning Company publishes through its famous imprints **Prentice Hall®** and **Scott Foresman®** which are exclusive registered trademarks owned by Savvas Learning Company LLC in the U.S. and/or other countries.

enVision® and **Savvas Realize™** are exclusive trademarks of Savvas Learning Company LLC in the U.S. and/or other countries.

Unless otherwise indicated herein, any third party trademarks that may appear in this work are the property of their respective owners, and any references to third party trademarks, logos, or other trade dress are for demonstrative or descriptive purposes only. Such references are not intended to imply any sponsorship, endorsement, authorization, or promotion of Savvas Learning Company products by the owners of such marks, or any relationship between the owner and Savvas Learning Company LLC or its authors, licensees, or distributors.

ISBN-13: 978-0-13-496276-4
ISBN-10: 0-13-496276-1
7 2024

Recursos digitales

¡Usarás estos recursos digitales a lo largo del año escolar!

Visita SavvasRealize.com

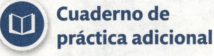 **Libro del estudiante**
Tienes acceso en línea y fuera de línea.

 Aprendizaje visual
Interactúa con el aprendizaje visual animado.

 Evaluación
Muestra lo que aprendiste.

Cuaderno de práctica adicional
Tienes acceso en línea y fuera de línea.

 Amigo de práctica
Haz prácticas interactivas en línea.

 Herramientas matemáticas
Explora las matemáticas con herramientas digitales.

 Glosario
Lee y escucha en inglés y en español.

SAVVAS realize. Todo lo que necesitas para las matemáticas a toda hora y en cualquier lugar.

Contenido

Recursos digitales en SavvasRealize.com

TEMAS

1. La suma y la resta
2. Sumar y restar con fluidez hasta el 10
3. Operaciones de suma hasta el 20: Usar estrategias
4. Operaciones de resta hasta el 20: Usar estrategias
5. Trabajar con ecuaciones de suma y resta
6. Representar e interpretar datos
7. Ampliar la sucesión de conteo
8. El valor de posición
9. Comparar números de dos dígitos
10. Usar modelos y estrategias para sumar decenas y unidades
11. Usar modelos y estrategias para restar decenas
12. Medir longitudes
13. La hora y el dinero
14. Razonar usando figuras y sus atributos
15. Partes iguales de círculos y rectángulos

Recuerda que tu Libro del estudiante está disponible en SavvasRealize.com.

Esto muestra cómo sumar las partes para hallar la suma o total.

4 + 2 = ☐

TEMA 1
La suma y la resta

Proyecto de enVision® STEM 1
Repasa lo que sabes 2
Escoge un proyecto 3
Matemáticas en 3 actos: Vistazo: Come un bocado 4

- **1-1** Añadir 5
- **1-2** Juntar 9
- **1-3** Dos sumandos desconocidos 13
- **1-4** Quitar 17
- **1-5** Comparar situaciones 21
- **1-6** Más sobre comparar situaciones 25
- **1-7** Un cambio desconocido 29
- **1-8** Practicar la suma y la resta 33
- **1-9** RESOLUCIÓN DE PROBLEMAS Construir argumentos 37

Actividad de repaso de fluidez 41
Repaso del vocabulario 42
Refuerzo 43
Práctica para la evaluación del tema 47
Tarea de rendimiento del tema 51

TEMA 2
Sumar y restar con fluidez hasta el 10

Proyecto de enVision® STEM 53
Repasa lo que sabes 54
Escoge un proyecto 55

2-1 Contar hacia adelante para sumar 57

2-2 Dobles 61

2-3 Casi dobles 65

2-4 Operaciones con 5 en un marco de 10 69

2-5 Sumar en cualquier orden 73

2-6 Contar hacia atrás para restar 77

2-7 Pensar en la suma para restar 81

2-8 Resolver problemas verbales con operaciones hasta el 10 85

2-9 RESOLUCIÓN DE PROBLEMAS Buscar y usar la estructura 89

Actividad de práctica de fluidez 93
Repaso del vocabulario 94
Refuerzo 95
Práctica para la evaluación del tema 99
Tarea de rendimiento del tema 103

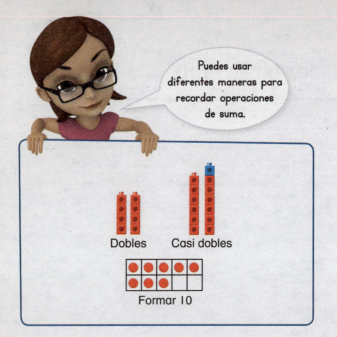

TEMA 3
Operaciones de suma hasta el 20: Usar estrategias

Proyecto de **enVision**® STEM 105
Repasa lo que sabes 106
Escoge un proyecto 107
Matemáticas en 3 actos: Vistazo: Es tu turno 108

3-1 Contar hacia adelante para sumar 109

3-2 Contar hacia adelante para sumar con una recta numérica vacía 113

3-3 Dobles 117

3-4 Dobles y más 121

3-5 Formar 10 para sumar 125

3-6 Más sobre formar 10 para sumar 129

3-7 Explicar estrategias de suma 133

3-8 Resolver problemas verbales de suma con operaciones hasta el 20 137

3-9 **RESOLUCIÓN DE PROBLEMAS** Evaluar el razonamiento 141

Actividad de práctica de fluidez 145
Repaso del vocabulario 146
Refuerzo 147
Práctica para la evaluación del tema 151
Tarea de rendimiento del tema 155

TEMA 4
Operaciones de resta hasta el 20: Usar estrategias

Proyecto de enVision® STEM 157
Repasa lo que sabes 158
Escoge un proyecto 159

4-1 Contar para restar 161

4-2 Formar 10 para restar 165

4-3 Más sobre formar 10 para restar 169

4-4 Familias de operaciones 173

4-5 Usar la suma para restar 177

4-6 Más sobre usar la suma para restar 181

4-7 Explicar estrategias de resta 185

4-8 Resolver problemas verbales con operaciones hasta el 20 ... 189

4-9 RESOLUCIÓN DE PROBLEMAS Razonar 193

Actividad de práctica de fluidez 197
Repaso del vocabulario 198
Refuerzo 199
Práctica para la evaluación del tema 203
Tarea de rendimiento del tema 207

TEMA 5
Trabajar con ecuaciones de suma y resta

Proyecto de enVision® STEM 209
Repasa lo que sabes 210
Escoge un proyecto 211
Matemáticas en 3 actos: Vistazo: Demasiado pesado 212

5-1 Hallar los números desconocidos 213

5-2 Ecuaciones verdaderas o falsas 217

5-3 Crear ecuaciones verdaderas 221

5-4 Sumar tres números 225

5-5 Problemas verbales con tres sumandos 229

5-6 Resolver problemas verbales de suma y resta 233

5-7 RESOLUCIÓN DE PROBLEMAS Precisión 237

Actividad de práctica de fluidez 241
Repaso del vocabulario 242
Refuerzo 243
Práctica para la evaluación del tema 245
Tarea de rendimiento del tema 247

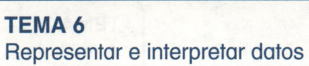

TEMA 6
Representar e interpretar datos

Proyecto de enVision® STEM 249
Repasa lo que sabes 250
Escoge un proyecto 251

6-1 Organizar datos en tres categorías 253

6-2 Reunir y representar datos 257

6-3 Interpretar datos 261

6-4 Más sobre interpretar datos 265

6-5 **RESOLUCIÓN DE PROBLEMAS** Entender y perseverar .269

Actividad de práctica de fluidez 273
Repaso del vocabulario 274
Refuerzo 275
Práctica para la evaluación del tema 277
Tarea de rendimiento del tema 279

TEMA 7
Ampliar la sucesión de conteo

Proyecto de enVision® STEM 281
Repasa lo que sabes 282
Escoge un proyecto 283
Matemáticas en 3 actos: Vistazo: Súper *selfie*. 284

7-1 Contar de 10 en 10 hasta 120.. 285

7-2 Contar de 1 en 1 hasta 120 289

7-3 Contar en una tabla numérica hasta 120 293

7-4 Contar de 1 en 1 o de 10 en 10 hasta 120 297

7-5 Contar con una recta numérica vacía 301

7-6 Contar y escribir números 305

7-7 RESOLUCIÓN DE PROBLEMAS Razonamientos repetidos 309

Actividad de práctica de fluidez 313
Repaso del vocabulario 314
Refuerzo. 315
Práctica para la evaluación del tema 317
Tarea de rendimiento del tema. 319

TEMA 8 en el volumen 2
El valor de posición

Proyecto de enVision® STEM 321
Repasa lo que sabes 322
Escoge un proyecto 323

- **8-1** Formar los números del 11 al 19 325
- **8-2** Números formados con decenas 329
- **8-3** Contar con grupos de decenas y unidades 333
- **8-4** Decenas y unidades 337
- **8-5** Más sobre decenas y unidades 341
- **8-6** Nombres diferentes para el mismo número 345
- **8-7** RESOLUCIÓN DE PROBLEMAS Buscar y usar la estructura 349

Actividad de práctica de fluidez 353
Repaso del vocabulario 354
Refuerzo 355
Práctica para la evaluación del tema 357
Tarea de rendimiento del tema 359

TEMA 9 en el volumen 2
Comparar números de dos dígitos

Proyecto de enVision® STEM 361
Repasa lo que sabes 362
Escoge un proyecto 363
Matemáticas en 3 actos: Vistazo: Inversión de dígitos 364

- **9-1** 1 más, 1 menos; 10 más, 10 menos 365
- **9-2** Hallar números en una tabla de 100 369
- **9-3** Comparar números 373
- **9-4** Comparar números con símbolos (>, <, =) 377
- **9-5** Comparar números en una recta numérica 381
- **9-6** RESOLUCIÓN DE PROBLEMAS Entender y perseverar 385

Actividad de práctica de fluidez 389
Repaso del vocabulario 390
Refuerzo 391
Práctica para la evaluación del tema 393
Tarea de rendimiento del tema 395

TEMA 10 en el volumen 2
Usar modelos y estrategias para sumar decenas y unidades

Proyecto de enVision® STEM 397
Repasa lo que sabes 398
Escoge un proyecto 399

- **10-1** Sumar decenas usando modelos 401
- **10-2** Cálculo mental: 10 más que un número 405
- **10-3** Sumar decenas y unidades usando una tabla de 100 409
- **10-4** Sumar decenas y unidades usando una recta numérica vacía 413
- **10-5** Sumar decenas y unidades usando modelos 417
- **10-6** Formar una decena para sumar 421
- **10-7** Sumar usando el valor de posición 425
- **10-8** Practicar la suma usando estrategias 429
- **10-6** RESOLUCIÓN DE PROBLEMAS Representar con modelos matemáticos 433

Actividad de práctica de fluidez 437
Repaso del vocabulario 438
Refuerzo 439
Práctica para la evaluación del tema 443
Tarea de rendimiento del tema 447

TEMA 11 en el volumen 2
Usar modelos y estrategias para restar decenas

Proyecto de enVision® STEM 449
Repasa lo que sabes 450
Escoge un proyecto 451
Matemáticas en 3 actos: Vistazo: Tantos colores 452

- **11-1** Restar decenas usando modelos 453
- **11-2** Restar decenas usando una tabla de 100 457
- **11-3** Restar decenas usando una recta numérica vacía 461
- **11-4** Usar la suma para restar decenas 465
- **11-5** Cálculo mental: Diez menos que un número 469
- **11-6** Usar estrategias para practicar la resta 473
- **11-7** RESOLUCIÓN DE PROBLEMAS Representar con modelos matemáticos 477

Actividad de práctica de fluidez 481
Repaso del vocabulario 482
Refuerzo 483
Práctica para la evaluación del tema 485
Tarea de rendimiento del tema 487

TEMA 12 en el volumen 2
Medir longitudes

Proyecto de **enVision**® STEM	489
Repasa lo que sabes	490
Escoge un proyecto	491

- **12-1** Comparar y ordenar según la longitud 493
- **12-2** Medición indirecta 497
- **12-3** Usar unidades para medir longitudes 501
- **12-4** RESOLUCIÓN DE PROBLEMAS Usar herramientas apropiadas 505

Actividad de práctica de fluidez	509
Repaso del vocabulario	510
Refuerzo	511
Práctica para la evaluación del tema	513
Tarea de rendimiento del tema	515

TEMA 13 en el volumen 2
La hora y el dinero

Proyecto de **enVision**® STEM	517
Repasa lo que sabes	518
Escoge un proyecto	519
Matemáticas en 3 actos: Vistazo: Secado por goteo	520

- **13-1** OPCIONAL Decir el valor de las monedas 521
- **13-2** OPCIONAL Hallar el valor de un grupo de monedas 525
- **13-3** La manecilla de la hora y el minutero 529
- **13-4** Decir y escribir la hora en punto 533
- **13-5** Decir y escribir la hora a la media hora más cercana 537
- **13-6** RESOLUCIÓN DE PROBLEMAS Razonar 541

Actividad de práctica de fluidez	545
Repaso del vocabulario	546
Refuerzo	547
Práctica para la evaluación del tema	549
Tarea de rendimiento del tema	551

TEMA 14 en el volumen 2
Razonar usando figuras y sus atributos

Proyecto de enVision® STEM 553
Repasa lo que sabes 554
Escoge un proyecto 555

14-1 Usar atributos para definir figuras bidimensionales 557

14-2 Atributos que definen y no definen a las figuras bidimensionales 561

14-3 Construir y dibujar figuras bidimensionales según sus atributos 565

14-4 Crear figuras bidimensionales 569

14-5 Crear nuevas figuras bidimensionales usando figuras bidimensionales 573

14-6 Usar atributos para definir figuras tridimensionales 577

14-7 Atributos que definen y no definen a las figuras tridimensionales 581

14-8 Crear figuras tridimensionales 585

14-9 RESOLUCIÓN DE PROBLEMAS Entender y perseverar 589

Actividad de práctica de fluidez 593
Repaso del vocabulario 594
Refuerzo 595
Práctica para la evaluación del tema 599
Tarea de rendimiento del tema 603

TEMA 15 en el volumen 2
Partes iguales de círculos y rectángulos

Proyecto de enVision® STEM 605
Repasa lo que sabes 606
Escoge un proyecto 607
Matemáticas en 3 actos: Vistazo: Agregados 608

15-1 Formar partes iguales 609

15-2 Formar medios y cuartos de rectángulos y de círculos 613

15-3 Medios y cuartos 617

15-4 RESOLUCIÓN DE PROBLEMAS Representar con modelos matemáticos 621

Actividad de práctica de fluidez 625
Repaso del vocabulario 626
Refuerzo 627
Práctica para la evaluación del tema 629
Tarea de rendimiento del tema 631

Manual de Prácticas matemáticas y resolución de problemas

El **Manual de Prácticas matemáticas y resolución de problemas** está disponible en SavvasRealize.com.

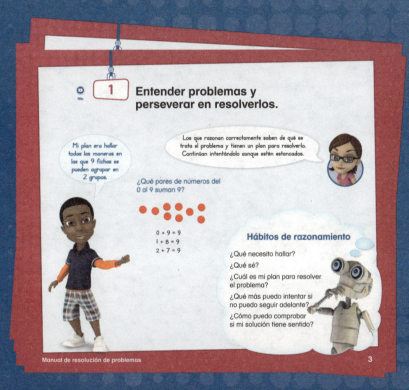

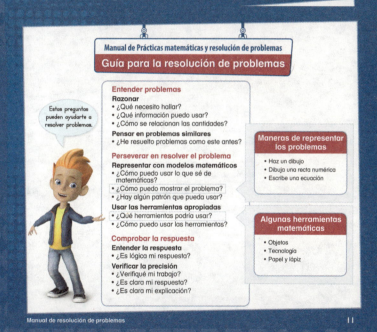

Prácticas matemáticas

Guía para la resolución de problemas

Resolución de problemas: Hoja de anotaciones

Nombre Genesis

Escribir los números del 0 al 4

GRADO 1 Preparación

Practica la escritura de los números del 0 al 4.

1.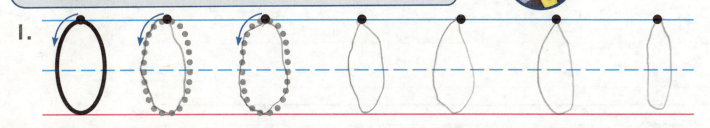

2.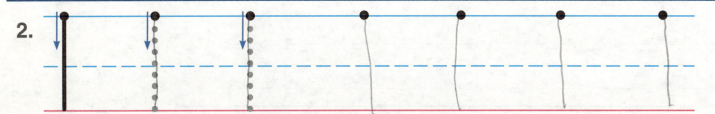

3.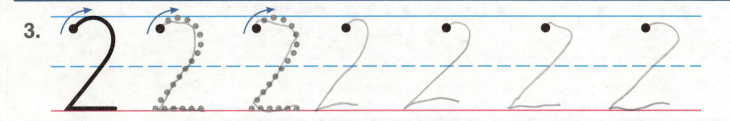

4.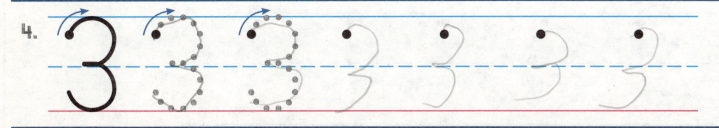

5.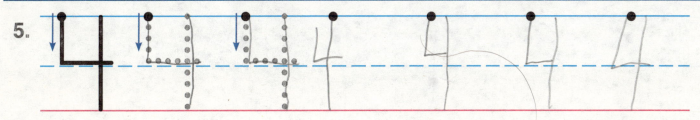

Grado 1 | Preparación

P1

Escribir los números del 5 al 9

Practica la escritura de los números del 5 al 9.

1.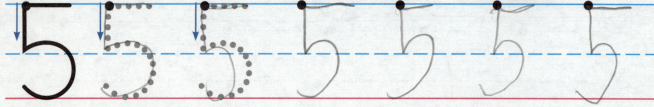
2.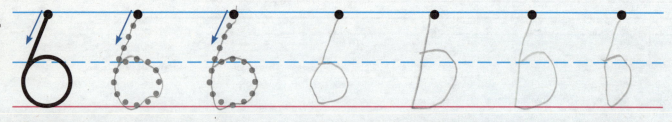
3.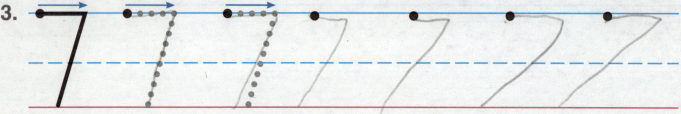
4.

Nombre _____

Contar y escribir hasta el 9

GRADO 1 | Preparación

Cuenta y escribe la cantidad de puntos.

1.  5

2.  7

3. 3

4.  9

5.  8

6. 4

7.  6

8.  5

9.  8

Grado 1 | Preparación

P3

Comparar los números hasta el 5

Escribe el número que indica cuántos hay.
Luego, encierra en un círculo el número que es menor.

1.

   (2)   3

2.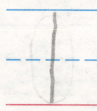

   2   1

3.

   3   5

4.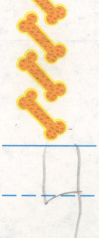

   1   4

Nombre **Genesis**

Comparar los números hasta el 10

Escribe el número que indica cuántos hay.
Luego, encierra en un círculo el número que es mayor.

1.

   7   ⭕8⭕

2.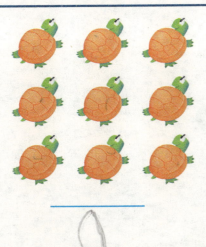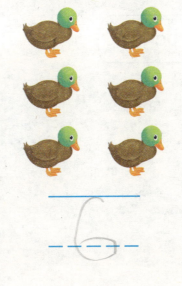

   9   6

Formar los números del 6 al 9

Escribe cuántos hay adentro y afuera. Luego, escribe el total.

1.    _2_ adentro   _4_ afuera   _6_ en total

2.    _3_ adentro   _4_ afuera   _7_ en total

Escribe cuántos hay para mostrar las partes.

3.    _7_ y _2_

4.    _2_ y _3_

Nombre _Genesis_

Hallar las partes que faltan de los números 6 a 9

Grado 1 Preparación

Halla las partes que faltan y luego escribe los números.

1. Hay 6 huesos en total.

_3_   _3_

parte que sé   parte que falta

2. Hay 6 huesos en total.

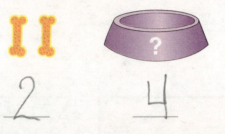

_2_   _4_

parte que sé   parte que falta

3. Hay 7 huesos en total.

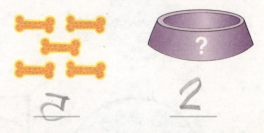

_2_   _2_

parte que sé   parte que falta

4. [8]

_2_   _2_

parte que sé   parte que falta

5. [9]

_5_   _4_

parte que sé   parte que falta

6. [8]

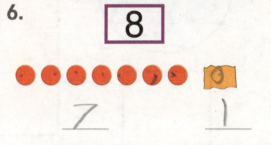

_7_   _1_

parte que sé   parte que falta

Halla la parte que falta y luego completa la ecuación de suma.

7. Marco tiene 9 panes. Tuesta 4 de los panes. ¿Cuántos panes **NO** están tostados?

   $4 + \underline{5} = 9$

8. Una gallina puso 7 huevos. 5 pollitos rompieron el cascarón. ¿Cuántos pollitos **NO** han roto el cascarón?

   $5 + \underline{2} = 7$

Grado 1 | Preparación

P7

Figuras

Colorea cada una de las siguientes figuras.

Nombre _____

Repasa lo que sabes

Vocabulario

1. **Cuenta** los peces. Escribe el número que muestra cuántos hay.

_____
- - - - -
_____

2. **Une** los dos grupos de frutas y escribe cuántas hay.

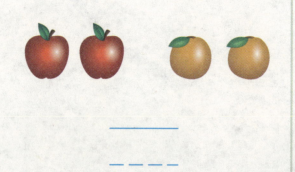

_____
- - - - -
_____

3. Escribe cuántas pelotas de fútbol hay **en total**.

_____
- - - - -
_____

Contar

4. Tania tiene 4 globos. Haz un dibujo de sus globos.

5. Escribe el número que muestra cuántos gatos hay.

_____
- - - - -

Sumas

6. Encierra en un círculo el número que muestra cuántos cangrejos ves.

2   3   4   5

Nombre _____

Escoge un proyecto

PROYECTO 1A

¿Dónde ponen sus huevos los pájaros?

Proyecto: Dibuja una nidada

PROYECTO 1B

¿Cuál es el jugo de fruta más popular del mundo?

Proyecto: Encuentra información sobre frutas

PROYECTO 1C

¿De qué están hechas las casas?

Proyecto: Haz un modelo

Tema 1 | Escoge un proyecto

MATEMÁTICAS EN 3 ACTOS: VISTAZO

Representación matemática
Come un bocado

Antes de ver el video, piensa:

¿Cuál es tu refrigerio favorito para llevar a la escuela? ¿Con qué frecuencia puedes escoger tu refrigerio? Es importante escoger uno que sea rico y bueno para tu salud.

Puedo...
representar con modelos matemáticos para resolver un problema que incluye la suma y la resta.

Nombre _____

Resuélvelo y coméntalo

Hay 4 perros.
Se les unen algunos más.
¿Cuántos perros hay ahora?
Muestra cómo lo resuelves.

Lección 1-1
Añadir

Puedo...
resolver problemas verbales de suma.

También puedo representar con modelos matemáticos.

Ahora hay _____ perros.

Tema 1 | Lección 1 | En línea | SavvasRealize.com | cinco **5**

 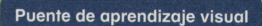

Puente de aprendizaje visual

Hay 5 gatos.

2 gatos más se les unen.

¿Cuántos gatos hay ahora?

Usa cubos.

Puedo usar cubos para contar los gatos.

Suma 5 y 2.

5 + 2

más

Puedo contar para sumar.

Escribe la **suma**.

5 + 2 = 7

igual a

Ahora hay 7 gatos.

¡Convénceme! ¿Cómo te ayudan los cubos a resolver el problema?

Práctica guiada
Resuelve. Usa cubos como ayuda.

1. Hay 3 vacas.

3 vacas más se les unen.

¿Cuántas vacas hay ahora?

3 + 3 = 6 vacas

2. Hay 2 pájaros.

6 pájaros más se les unen.

¿Cuántos pájaros hay ahora?

pájaros

6 seis

Tema 1 | Lección 1

Nombre _____

Práctica independiente

Resuelve. Usa cubos o haz un dibujo.

3. Hay 4 abejas.   4 abejas más se les unen.

¿Cuántas abejas hay ahora?

____ ◯ ____ ◯ ____ abejas

4. Hay 3 insectos.   6 insectos más se les unen.

¿Cuántos insectos hay ahora?

____ ◯ ____ ◯ ____ insectos

Resuelve el problema. Haz un dibujo como ayuda.

5. **Razonamiento de orden superior**

Hay 6 patos y
4 gallinas.
2 patos más se les unen.

¿Cuántos patos hay en total?

Hay ____ patos en total.

Tema 1 | Lección 1   siete   7

Resolución de problemas Resuelve cada problema.

6. **Vocabulario** Hay 3 perros. 4 perros más se les unen. Suma para hallar la suma.

___ ◯ ___ ◯ ___ perros

7. **Representar** Hay 8 gatos. 1 gato más se les une. ¿Cuántos gatos hay ahora?

___ ◯ ___ ◯ ___ gatos

8. **Razonamiento de orden superior** Escribe un cuento de suma sobre los pájaros.

Usa dibujos, números o palabras.

9. **Práctica para la evaluación** Hay 5 ranas. 3 ranas más se les unen.

¿Cuántas ranas hay ahora?

Ⓐ $5 + 1 = 6$ ranas

Ⓑ $5 + 2 = 7$ ranas

Ⓒ $5 + 3 = 8$ ranas

Ⓓ $5 + 4 = 9$ ranas

Nombre _____

Resuélvelo y coméntalo

Hay 4 manzanas rojas y 4 manzanas verdes. ¿Cuántas manzanas hay en total? Muestra cómo lo resuelves. Usa cubos como ayuda.

Lección 1-2
Juntar

Puedo... resolver problemas verbales sobre juntar las partes.

También puedo razonar sobre las matemáticas.

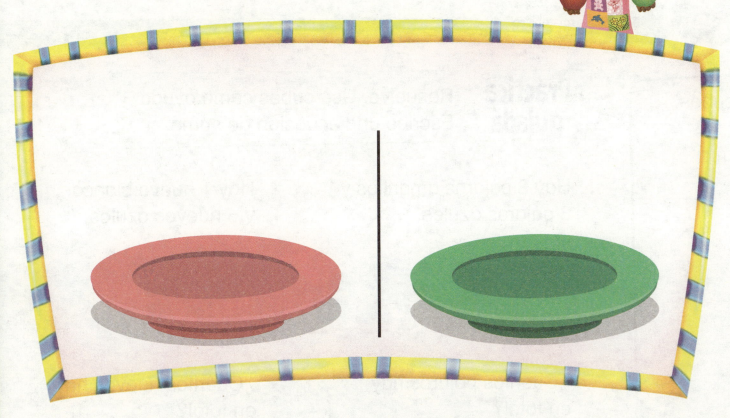

Hay ____ manzanas en total.

Tema 1 | Lección 2   En línea | SavvasRealize.com   nueve **9**

Puente de aprendizaje visual

Hay 4 peces rojos y 2 peces azules.

¿Cuántos peces hay en total?

Las **partes** son 4 y 2.

parte   parte

__4__   __2__

Puedo mostrar los peces en mi tablero.

Suma las partes para hallar el **todo**.

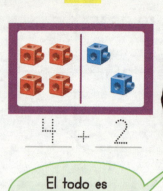

__4__ + __2__

El todo es también la suma.

Hay 6 peces en total.

Escribe una **ecuación** de suma.

__4__ + __2__ = __6__

¡Convénceme! Usa cubos.
Muestra 4 + 2.
Luego, muestra 2 + 4.
¿Qué notas?

Práctica guiada Resuelve. Usa cubos como ayuda. Escribe una ecuación de suma.

1. Hay 3 pájaros amarillos y 3 pájaros azules.

¿Cuántos pájaros hay en total?

__3__ + __5__ = __8__ pájaros

2. Hay 1 huevo blanco y 6 huevos azules.

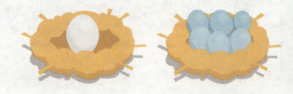

¿Cuántos huevos hay en total?

 huevos

10 diez · Tema 1 | Lección 2

Nombre _____

 Resuelve. Usa cubos o haz un dibujo. Escribe una ecuación de suma.

3. Hay 3 cerdos pequeños y 4 cerdos grandes.

¿Cuántos cerdos hay en total?

____ ◯ ____ ◯ ____ cerdos

4. Hay 3 vagones furgón y 3 vagones cisterna.

¿Cuántos vagones hay en total?

____ ◯ ____ ◯ ____ vagones

5. **Razonamiento de orden superior**
Hay 2 sombreros rojos,
3 zapatos y
7 sombreros azules.

¿Cuántos sombreros hay en total?

Haz un dibujo.
Escribe una ecuación de suma.

____ ◯ ____ ◯ ____ sombreros

Tema 1 | Lección 2once 11

Resolución de problemas Resuelve cada problema.

Usa cubos o haz un dibujo.

6. **Entender** Jen tiene 2 flores rojas y 5 flores azules.

    ¿Cuántas flores hay en total? Escribe una ecuación.

    ____ ◯ ____ ◯ ____ flores

7. **Razonamiento de orden superior**
   Escribe un cuento con dibujos sobre peces azules y peces verdes.
   Escribe una ecuación de suma.

   Di cuántos peces hay en total.

   ____ ◯ ____ ◯ ____ peces

8. **Práctica para la evaluación**
   Hay 4 manzanas rojas y 5 manzanas verdes.

   ¿Cuántas manzanas hay en total?

   Une las partes con el todo.

   Ⓐ $9 + 4 = 13$ manzanas

   Ⓑ $4 + 5 = 9$ manzanas

   Ⓒ $3 + 6 = 9$ manzanas

   Ⓓ $4 + 4 = 8$ manzanas

12 doce · Tema 1 | Lección 2

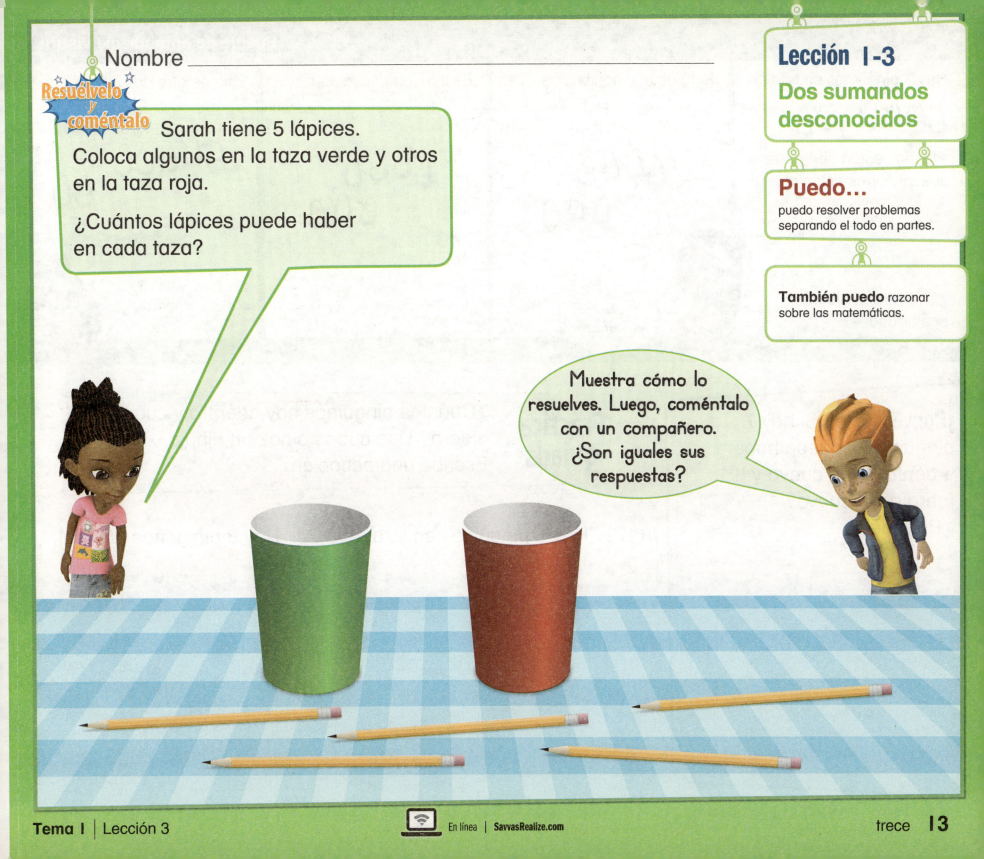

Puente de aprendizaje visual

Hay 7 pingüinos en total.

Algunos están dentro de la cueva y otros están afuera.

¿Cuáles son algunas posibilidades?

Esta es una posibilidad.

4 adentro y 3 afuera.

Escribe una ecuación.

$\underline{7} = \underline{4} + \underline{3}$
todo   parte   parte

Esta es otra posibilidad.

$\underline{7} = \underline{5} + \underline{2}$

5 adentro y 2 afuera.

¡Convénceme! Si hay 7 pingüinos, ¿puede haber 4 dentro de la cueva y 4 fuera de la cueva? ¿Por qué?

Práctica guiada ¿Cuántos pingüinos hay adentro y cuántos afuera? Usa cubos o haz un dibujo. Escribe una ecuación.

1. Hay 5 pingüinos en total.

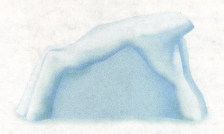

$\underline{5} = \underline{3} + \underline{2}$

2. Hay 8 pingüinos en total.

14 catorce

Tema 1 | Lección 3

Nombre _____

Práctica independiente

¿Cuántos murciélagos hay adentro y cuántos afuera?
Usa cubos o haz un dibujo.
Escribe una ecuación.

3. Hay 9 murciélagos en total.

___ ◯ ___ ◯ ___

4. Hay 8 murciélagos en total.

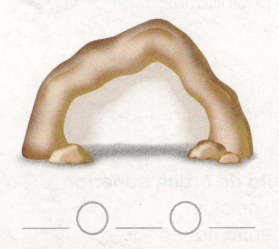

___ ◯ ___ ◯ ___

5. Hay 5 murciélagos en total.

___ ◯ ___ ◯ ___

6. Hay 4 murciélagos en total.

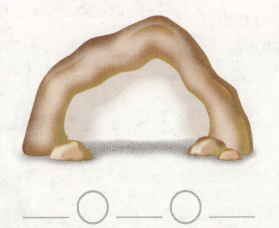

___ ◯ ___ ◯ ___

Tema 1 | Lección 3

quince 15

Resolución de problemas   Resuelve cada problema.

7. enVision® STEM

Hay 8 monos en total.
Algunos viven en los árboles.
Otros viven en la tierra.

Muestra una posibilidad.

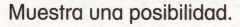 = ____ monos

en los   en la
árboles   tierra

8. Razonar

Anna dibuja 2 gatos.
Luego, dibuja 5 gatos más.

¿Cuántos gatos hay en total?

Escribe una ecuación.

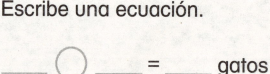 = ____ gatos

9. Razonamiento de orden superior

Andy tiene 10 pelotas.
1 o 2 están dentro de la caja de juguetes.

¿Cuántas pelotas hay fuera de la caja?
Di cómo lo sabes.

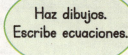
Haz dibujos. Escribe ecuaciones.

10. Práctica para la evaluación

Hay 9 pájaros en total.
Algunos están volando, otros están en un árbol.

¿Cuál de las siguientes es una posibilidad?

Ⓐ 4 volando, 3 en un árbol

Ⓑ 5 volando, 4 en un árbol

Ⓒ 1 volando, 7 en un árbol

Ⓓ 8 volando, 2 en un árbol

16 dieciséis   Tema 1 | Lección 3

Aprendizaje visual   A-Z Glosario

Puente de aprendizaje visual

Hay 7 patos.
3 se van volando.

¿Cuántos patos quedan?

Usa cubos.

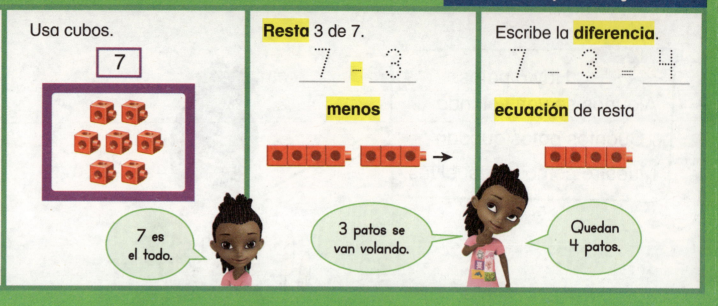

7 es el todo.

Resta 3 de 7.

7 - 3

menos

3 patos se van volando.

Escribe la diferencia.

7 - 3 = 4

ecuación de resta

Quedan 4 patos.

¡Convénceme! ¿Cómo te ayudan los cubos a resolver el problema?

Práctica guiada

Resuelve. Usa cubos como ayuda.
Escribe una ecuación de resta.

1. Hay 6 ranas.
   2 ranas saltan y se van.

   ¿Cuántas ranas quedan?
   6 - 2 = 4 ranas

2. Hay 7 conejos.
   1 conejo se aleja saltando.

   ¿Cuántos conejos quedan?
   ___ ○ ___ ○ ___
   conejos

18 dieciocho

Copyright © Savvas Learning Company LLC. All Rights Reserved.

Tema 1 | Lección 4

Nombre _____

Práctica independiente

Resuelve. Usa cubos o haz un dibujo. Escribe una ecuación de resta.

3. Hay 8 insectos.
   4 se van volando.

   ¿Cuántos insectos quedan?

   ___ ◯ ___ ◯ ___ insectos

4. Hay 9 gatos.
   6 se van corriendo.

   ¿Cuántos gatos quedan?

   ___ ◯ ___ ◯ ___ gatos

5. **Razonamiento de orden superior**
   Hay 7 perros.
   Algunos se van corriendo.
   Quedan 3 perros.

   ¿Cuántos perros se fueron corriendo?

   Haz un dibujo como ayuda.

   ___ perros

Tema 1 | Lección 4

Resolución de problemas Resuelve cada problema.

6. **Razonar** Lin tiene 9 estampillas. Da 4.

   ¿Cuántas estampillas quedan?

   ____ ◯ ____ ◯ ____ estampillas

7. **Razonar** Gloria tiene 8 flores. Da 5.

   ¿Cuántas flores quedan?

   ____ ◯ ____ ◯ ____ flores

8. **Razonamiento de orden superior**
   Halla el número que falta. Escribe un cuento de resta para la ecuación.

   7 − 2 = ____

9. **Práctica para la evaluación**
   Hay 8 abejas.
   6 se van volando.

   ¿Cuántas abejas quedan?

   Ⓐ 8 − 2 = 6 abejas

   Ⓑ 8 − 7 = 1 abeja

   Ⓒ 7 − 2 = 5 abejas

   Ⓓ 8 − 6 = 2 abejas

Nombre _____

Resuélvelo y coméntalo

Hay 5 carros rojos y 3 azules.
¿Hay más carros rojos o azules?
¿Cuántos más?
Muestra cómo lo sabes.

Lección 1-5
Comparar situaciones

Puedo...
resolver problemas verbales que incluyen cuántos más.

También puedo razonar sobre las matemáticas.

Tema 1 | Lección 5 · En línea | SavvasRealize.com · veintiuno **21**

Puente de aprendizaje visual

Hay 5 sombreros azules y 2 sombreros anaranjados.

¿Cuántos **más** sombreros azules que anaranjados hay?

Usa cubos para **comparar**.

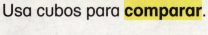
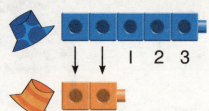

También puedes escribir una ecuación para comparar.

Una manera es hallar la diferencia. Escribe una ecuación de resta.

$5 - 2 = 3$

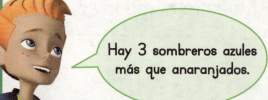

Hay 3 sombreros azules más que anaranjados.

¡Convénceme!
¿Puedes sumar también para resolver el problema anterior? Explícalo.

Práctica guiada

Usa cubos como ayuda.
Escribe una ecuación y luego resuélvela.

1. Hay 6 ranas amarillas y 3 ranas verdes.

¿Cuántas ranas amarillas más que verdes hay?

$6 - 3 = 3$

____ ranas amarillas más

22 veintidós

Tema 1 | Lección 5

Nombre _____

Práctica independiente
Usa cubos o haz un dibujo.
Escribe una ecuación y luego resuélvela.

2. Hay 3 perros marrones y 1 perro negro.

¿Cuántos perros marrones más que negros hay?

____ ◯ ____ ◯ ____

____ perros marrones más

3. Hay 7 cuentas rojas y 4 verdes.

¿Cuántas cuentas rojas más que verdes hay?

____ ◯ ____ ◯ ____

____ cuentas rojas más

Razonamiento de orden superior
Hay más pájaros azules que amarillos. Escribe 2 ecuaciones para mostrarlo. Luego, resuélvelas.

4.

____ − ____ = ____

____ + ____ = ____

____ pájaros azules más

Puedes usar cubos como ayuda.

Tema 1 | Lección 5   veintitrés **23**

Resolución de problemas Resuelve cada problema. Usa cubos o haz un dibujo.

5. **Sentido numérico**
Había 4 peces en una pecera.
2 se vendieron.

¿Cuántos peces quedaron?

____ peces

6. **Representar**
Luis ve 5 ranas verdes y 1 rana azul.

¿Cuántas ranas verdes más que azules ve Luis?

____ ranas verdes más

7. **Razonamiento de orden superior**
Dibuja algunas flores amarillas.
Dibuja más flores rojas que amarillas.

¿Cuántas flores rojas más que amarillas hay?

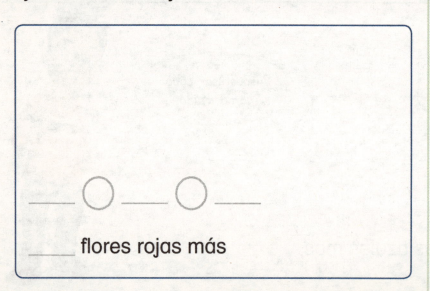

____ flores rojas más

8. **Práctica para la evaluación**
Hay 6 gatos grises y 4 gatos blancos.

¿Cuántos gatos grises más que blancos hay?

Ⓐ 2 gatos grises más
Ⓑ 4 gatos grises más
Ⓒ 6 gatos grises más
Ⓓ 10 gatos grises más

Haz un dibujo o usa cubos como ayuda.

24 veinticuatro Tema 1 | Lección 5

Nombre _____

Resuélvelo y coméntalo

Amy tiene 7 calcomanías y Tim tiene 5.

¿Quién tiene menos calcomanías?

¿Cuántas menos?

Muestra cómo lo sabes.

Lección 1-6
Más sobre comparar situaciones

Puedo...
resolver problemas verbales que incluyen cuántos menos.

También puedo usar razonamientos repetidos.

Tema 1 | Lección 6   En línea | SavvasRealize.com   veinticinco **25**

Puente de aprendizaje visual

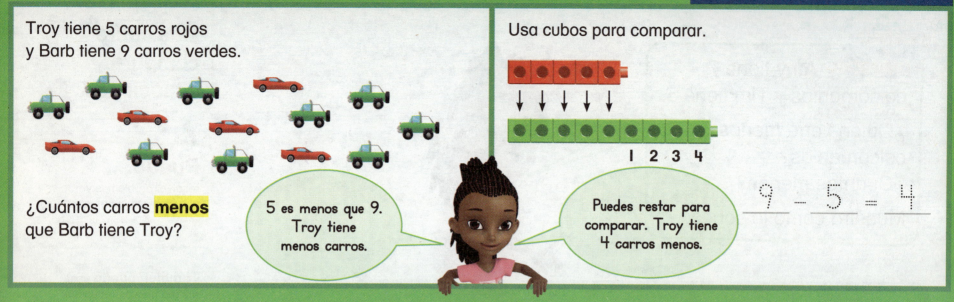

Troy tiene 5 carros rojos y Barb tiene 9 carros verdes.

¿Cuántos carros **menos** que Barb tiene Troy?

5 es menos que 9. Troy tiene menos carros.

Usa cubos para comparar.

Puedes restar para comparar. Troy tiene 4 carros menos.

$9 - 5 = 4$

¡Convénceme!
¿En qué se parecen comparar cuántos menos y comparar cuántos más?

Práctica guiada
Usa cubos como ayuda. Escribe una ecuación y luego resuélvela.

1. Juan tiene 8 crayones rojos y Sue tiene 2 crayones azules.

¿Cuántos crayones menos que Juan tiene Sue?

$8 - 2 = 6$

6 crayones menos

2. Ann tiene 4 uvas moradas y Sam tiene 7 uvas verdes.

¿Cuántas uvas menos que Sam tiene Ann?

___ ◯ ___ ◯ ___

___ uvas menos

26 veintiséis · Tema 1 | Lección 6

Nombre _____

Práctica independiente

Usa cubos o haz un dibujo.
Escribe una ecuación y luego resuélvela.

3. Emma compra 10 manzanas rojas y 5 manzanas verdes.

¿Cuántas manzanas verdes menos que rojas compra Emma?

___ ○ ___ ○ ___

___ manzanas menos

4. Beth escribe en 3 tarjetas y Joe en 9.

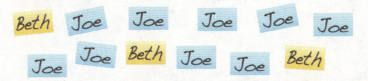

¿Cuántas tarjetas menos que Joe escribe Beth?

___ ○ ___ ○ ___

___ tarjetas menos

5. Razonamiento de orden superior
Hay menos cometas blancas que azules. Escribe dos ecuaciones para mostrarlo. Luego, resuélvelas.

___ − ___ = ___

___ + ___ = ___

___ cometas blancas menos

Las dos ecuaciones usan los mismos números.

Tema 1 | Lección 6   veintisiete **27**

Resolución de problemas Resuelve cada problema.

6. Razonar

Leah tiene 3 bolígrafos y Scott tiene 6.
¿Cuántos bolígrafos tienen en total?

___ ◯ ___ ◯ ___

___ bolígrafos

7. Razonar

Hay 7 naranjas en una rama.
3 naranjas se caen.

¿Cuántas naranjas quedan?

___ ◯ ___ ◯ ___

___ naranjas

8. Razonamiento de orden superior

Dibuja unos globos azules.
Dibuja menos globos amarillos.
¿Cuántos globos amarillos menos que azules hay?

___ ◯ ___ ◯ ___

___ globos amarillos menos

9. Práctica para la evaluación

Hay 8 manzanos y 6 árboles de peras.
¿Cuántos árboles de peras menos que manzanos hay?

Ⓐ 2 árboles de peras menos

Ⓑ 3 árboles de peras menos

Ⓒ 6 árboles de peras menos

Ⓓ 8 árboles de peras menos

28 veintiocho   Copyright © Savvas Learning Company LLC. All Rights Reserved.   Tema 1 | Lección 6

Nombre _____

Resuélvelo y coméntalo

Hay 5 vagones de tren. Otros vagones se les unen. Ahora hay 9 vagones.

¿Cuántos vagones se unieron?

Lección 1-7
Un cambio desconocido

Puedo...
usar la suma o la resta para ayudarme a hallar el sumando que falta.

También puedo entender problemas.

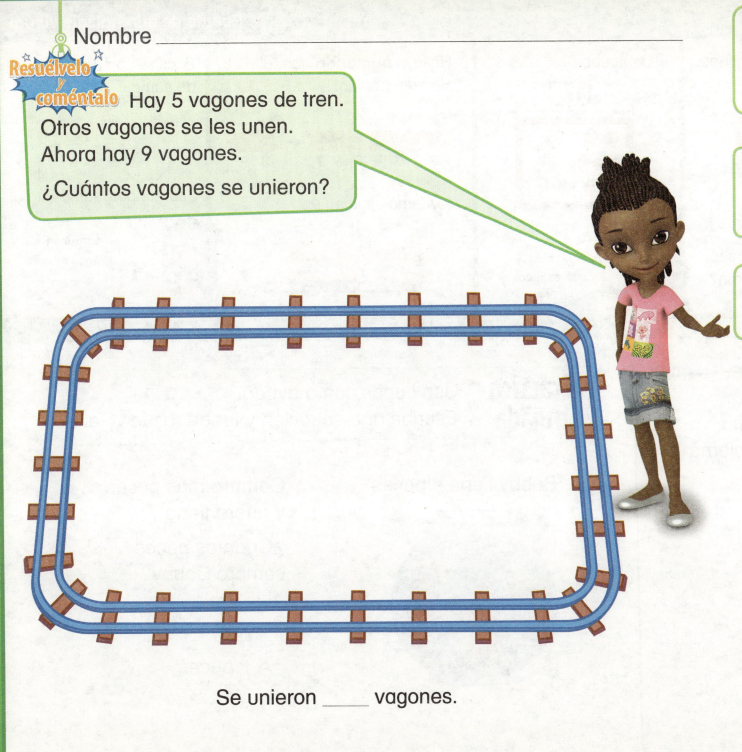

Se unieron ____ vagones.

Tema 1 | Lección 7 · En línea | SavvasRealize.com · veintinueve 29

Puente de aprendizaje visual

Una estación tiene 7 vagones.

Algunos vagones más llegan. Ahora hay 9 vagones. ¿Cuántos vagones llegaron?

Usa cubos.

¿7 más qué es igual a 9?

Halla el **sumando** que falta. Haz un modelo.

7 y 2 más suman 9.

Escribe una ecuación de suma.

$7 + 2 = 9$

sumandos   suma o total

Llegaron 2 vagones más.

¡Convénceme! ¿Puedes usar la resta para resolver el problema anterior? Explícalo.

Práctica guiada   Usa cubos como ayuda. Escribe una ecuación y luego resuélvela.

1. Bobby tiene 4 peces.

Compra más peces y ahora tiene 7.

¿Cuántos peces compró Bobby?

$4 + 3 = 7$

____ peces

30 treinta

Tema 1 | Lección 7

Nombre _____

Práctica independiente

Usa cubos o haz un dibujo.
Escribe una ecuación y luego resuélvela.

2. Mary tiene 4 calcomanías.

Pat le da algunas más.
Ahora, Mary tiene 8 calcomanías.

¿Cuántas calcomanías le dio Pat a Mary?

____ ◯ ____ ◯ ____

____ calcomanías

3. Billy dibuja 4 carros rojos.

Luego, dibuja algunos carros azules más.
Ahora hay 10 carros.

¿Cuántos carros azules dibujó Billy?

____ ◯ ____ ◯ ____

____ carros azules

4. **Razonamiento de orden superior**
Hay algunas niñas en el autobús.
2 niños se suben. Ahora hay 7 niños en el autobús.
¿Cuántas niñas hay en el autobús?

Escribe 2 ecuaciones para mostrar tu respuesta.
Luego, resuélvela.

Puedes sumar o restar para resolver.

____ + ____ = ____

____ − ____ = ____

____ niñas

Tema 1 | Lección 7 treinta y uno **31**

Resolución de problemas Resuelve cada problema.

5. Hay 6 lápices en el escritorio.

Bob agrega algunos más.

Ahora hay 9 lápices.

¿Cuántos lápices agregó Bob?

___ ◯ ___ ◯ ___

___ lápices

6. **Usar herramientas**
Nora tiene 3 pretzels y 7 galletas saladas. ¿Cuántos refrigerios tiene en total?

¿Qué herramienta puedes usar como ayuda?

___ ◯ ___ ◯ ___

___ refrigerios

7. **Razonamiento de orden superior**
Hay algunos pájaros amarillos en un árbol. Algunos pájaros azules se les unen. Ahora hay 5 pájaros en el árbol.

¿Cuántos pájaros amarillos más que azules podría haber?

___ ◯ ___ ◯

___ pájaros amarillos y ___ pájaros azules

8. **Práctica para la evaluación**
Hay 4 perritos jugando. Algunos más se les unen. Ahora hay 7 perritos.

¿Cuántos perritos se unieron?

Ⓐ 5 perritos

Ⓑ 4 perritos

Ⓒ 3 perritos

Ⓓ 2 perritos

Puente de aprendizaje visual

Hay 8 estudiantes en una clase. 5 de los estudiantes son niños.

¿Cuántas de las estudiantes son niñas?

Puedes hacer un modelo.

Piensa en el todo. Muestra la parte que conoces.

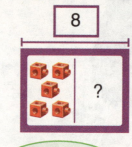

Halla la parte que falta.

Sabes cómo **sumar** para hallar la parte que falta.

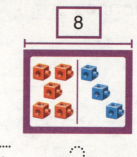

$5 + 3 = 8$

3 estudiantes son niñas.

También puedes **restar** para hallar la parte que falta.

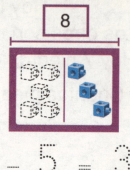

$8 - 5 = 3$

3 estudiantes son niñas.

¡Convénceme! Compara las ecuaciones de suma y de resta. ¿Qué notas en los números?

Práctica guiada — Usa cubos como ayuda. Escribe una ecuación y luego resuélvela.

1. Nick tiene 9 robots. 3 de los robots pueden hablar.

¿Cuántos no pueden hablar?

$3 + \_\_ = 9$

__ robots

2. Hay 6 estudiantes en la playa. 2 son niñas.

¿Cuántos niños hay?

__ ◯ __ = __

__ niños

34 treinta y cuatro | Tema 1 | Lección 8

Nombre _____

Práctica independiente
Usa cubos o haz un dibujo.
Escribe una ecuación y luego resuélvela.

3. Jill tiene 9 tarjetas.
5 son tarjetas de fútbol.

El resto son tarjetas de béisbol.

¿Cuántas tarjetas de béisbol hay?

____ ◯ ____ ◯ ____

____ tarjetas de béisbol

4. Rita tiene 7 caracoles.

3 son caracoles grandes.
El resto son pequeños.

¿Cuántos caracoles pequeños tiene Rita?

____ ◯ ____ ◯ ____

____ caracoles pequeños

5. **Razonamiento de orden superior**
Henry tiene 6 velas en su pastel.
1 vela es verde.
El resto son azules.

¿Cuántas velas azules hay?

Escribe 2 ecuaciones para mostrar tu respuesta. Luego, resuélvelas.

Puedes pensar en la suma para restar.

____ + ____ = ____

____ − ____ = ____

____ velas azules

Tema 1 | Lección 8 treinta y cinco **35**

Resolución de problemas Resuelve cada problema.

6. **Entender**
Joe compra 2 peces rojos y algunos peces azules.
Compra 9 peces en total.
¿Cuántos peces azules compra Joe?

____ peces azules

7. **Entender**
Rachel tiene 8 monedas de 5¢.
Regala 4 monedas de 5¢.
¿Cuántas monedas de 5¢ le quedan?

____ monedas de 5¢

8. **Razonamiento de orden superior**
Nina tiene 8 animales de peluche. Algunos son osos y otros tigres.
¿Cuántos de cada animal puede tener Nina?

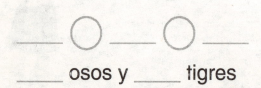

____ osos y ____ tigres

9. **Práctica para la evaluación**
Liz y Mary tienen 7 peces en total.
Liz tiene 2 peces.
¿Cuántos tiene Mary?
¿Qué ecuación coincide con el cuento?

Ⓐ $9 - 2 = 7$ peces

Ⓑ $7 - 1 = 6$ peces

Ⓒ $7 - 2 = 5$ peces

Ⓓ $8 - 7 = 1$ pez

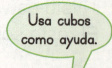
Usa cubos como ayuda.

Nombre _____

Resuélvelo y coméntalo

¿Sumas o restas para resolver el problema?

Di por qué. Muestra cómo resolverlo.

Usa dibujos, números o palabras.

Resolución de problemas

Lección 1-9
Construir argumentos

Puedo...
construir argumentos matemáticos usando la suma y la resta.

También puedo sumar y restar hasta el 10.

Hay 7 conejos y 3 tortugas.

¿Cuántos conejos más que tortugas hay?

Hábitos de razonamiento

¿Cómo puedo usar las matemáticas para explicar mi trabajo? ¿Es clara mi explicación?

Tema 1 | Lección 9   En línea | SavvasRealize.com   treinta y siete **37**

Puente de aprendizaje visual

Esta caja contiene 9 crayones en total.

6 crayones son azules.
El resto son rojos.
¿Cuántos crayones rojos hay?
Resuélvelo y explícalo.

Usé cubos y conté.

Hice un dibujo y conté números.

¡Convénceme!
Mira las dos maneras de hallar cuántos crayones hay.
¿En qué se parecen?
¿En qué se diferencian?

Práctica guiada
Resuelve. Usa dibujos, números o palabras para explicar.

1. Manny dibuja 6 fichas cuadradas. 4 son rojas y las otras son verdes.

   ¿Cuántas fichas cuadradas verdes dibuja Manny?

Nombre _____

Práctica independiente

Resuelve. Usa dibujos, números o palabras para explicar.

2. Jan tiene 8 monedas de 1¢.
   Gasta 5 monedas de 1¢.
   ¿Cuántas monedas de 1¢ le quedan a Jan?

3. Lidia tiene 7 lápices.
   Jon tiene 2 lápices.
   ¿Quién tiene menos lápices?
   ¿Cuántos menos?

4. **Razonamiento de orden superior**
   Max tiene 3 manzanas.
   Compra 2 manzanas más y luego da 4.

   ¿Cuántas manzanas le quedan a Max?
   Explícalo.

Tema 1 | Lección 9   treinta y nueve **39**

Resolución de problemas

Tarea de rendimiento

Puesto de limonada

Algunos amigos venden limonada.

Resuelve cada problema.

Usa dibujos, números o palabras para explicar.

5. Explicar

Alex vende 3 vasos.
Mark vende 5 vasos.
¿Cuántos vasos venden en total?

Este es el trabajo de Alex.

3 + 5 = 8 vasos

¿Es correcto? Explica por qué.

6. Hacerlo con precisión

Mía vende 2 vasos.
Gina vende 6 vasos.

¿Cuántos vasos más que Mía vende Gina?

Nombre _____

Colorea las casillas que tengan estas sumas y diferencias. Deja el resto en blanco.

4 3 5

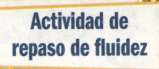

Actividad de repaso de fluidez

TEMA 1

Puedo...
sumar y restar hasta el 5.

También puedo hacer mi trabajo con precisión.

8 – 3	0 + 1	0 + 5	5 – 2	3 + 0	5 – 2	5 – 1	0 + 1	3 + 1
2 + 3	0 + 2	7 – 2	1 + 2	0 + 2	4 – 1	3 + 1	4 – 0	0 + 4
10 – 5	5 + 0	3 + 2	3 + 0	4 – 3	3 – 0	2 + 0	1 + 3	5 – 4
4 + 1	5 – 4	5 – 0	4 – 1	4 – 4	2 + 1	2 + 0	4 + 0	0 + 1
9 – 4	1 + 1	1 + 4	3 – 0	5 – 2	0 + 3	3 – 2	0 + 4	3 – 1

La palabra es

____ ____ ____

Tema 1 | Actividad de repaso de fluidez

cuarenta y uno 41

TEMA 1 — Repaso del vocabulario

Lista de palabras
- comparar
- diferencia
- ecuación
- igual a (=)
- más
- menos
- parte
- resta
- signo más (+)
- signo menos (−)
- suma
- suma o total
- sumando
- todo

Comprender el vocabulario

1. Escribe una ecuación de suma.

   ___ ◯ ___ ◯ ___

2. Escribe una ecuación de resta.

   ___ ◯ ___ ◯ ___

3. Encierra en un círculo la diferencia.

   $8 - 2 = 6$

4. Encierra en un círculo una parte.

   $5 + 3 = 8$

5. Encierra en un círculo el signo más.

   $3 + 4 = 7$

Usar el vocabulario al escribir

6. Di cómo hallar $8 - 4$. Usa al menos un término de la Lista de palabras.

Nombre _____

Grupo A

Puedes resolver problemas sobre añadir.

Hay 3 tortugas.
1 más se les une.

¿Cuántas tortugas hay ahora?

__3__ + __1__ = __4__ tortugas
  más   igual a

Resuelve. Usa cubos o haz un dibujo.

1. Hay 5 flores.
   Se agregan 2 más.

   ¿Cuántas flores hay ahora?

   ___ ◯ ___ ◯ ___ flores

Refuerzo

Grupo B

Puedes resolver problemas sobre juntar.

Hay 3 marcadores rojos y 2 azules.

¿Cuántos marcadores hay en total?

  parte parte

__3__ + __2__ = __5__ marcadores

Resuelve. Usa cubos o haz un dibujo.

2. Hay 4 carros rojos y 2 carros azules.

   ¿Cuántos carros hay en total?

   ___ ◯ ___ ◯ ___ carros

Tema 1 | Refuerzo   cuarenta y tres **43**

Grupo C

Puedes resolver problemas con dos sumandos desconocidos.

Hay 7 pingüinos en total.
Algunos están dentro de la cueva.
Otros están afuera.

Esta es una manera.

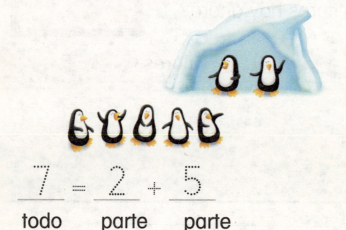

7 = 2 + 5
todo parte parte

Usa cubos o haz un dibujo.
Escribe una ecuación para resolver.

3. Hay 6 pingüinos en total.
   Algunos están adentro.
   Algunos están afuera.
   Muestra una posibilidad.

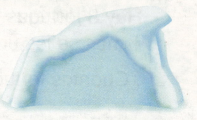

___ ○ ___ ○ ___

4. Hay 9 pingüinos en total.
   Algunos están adentro.
   Algunos están afuera.
   Muestra una posibilidad.

___ = ___ ○ ___

Grupo D

Puedes usar cubos para representar problemas sobre quitar.

Hay 6 peras.
María se lleva 3 peras.
¿Cuántas quedan?

 peras

6 − 3 = 3

Usa cubos o haz un dibujo.
Escribe una ecuación y resuélvela.

5. Hay 7 zanahorias.
   Se recogen 3.

   ¿Cuántas zanahorias quedan?

 zanahorias

Nombre _____

Grupo E

Puedes usar cubos para resolver problemas sobre comparar.

Hay 4 bolígrafos azules y 3 amarillos.
¿Cuántos bolígrafos azules más que amarillos hay?

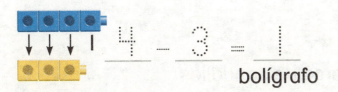

4 − 3 = 1

bolígrafo

Refuerzo (continuación)

Usa cubos o haz un dibujo.
Escribe una ecuación y resuélvela.

6. Hay 4 bolígrafos negros y 1 rojo.
   ¿Cuántos bolígrafos negros más que rojos hay?

   ___ ◯ ___ ◯ ___ bolígrafos negros más

7. Hay 3 pelotas de béisbol y 7 de fútbol. ¿Cuántas pelotas de béisbol menos que de fútbol hay?

   ___ ◯ ___ ◯ ___ pelotas de béisbol menos

Grupo F

Puedes hallar el sumando que falta para resolver problemas.

Ty tiene 4 uvas.
Toma algunas uvas más.
Ahora tiene 9 uvas.

¿Cuántas uvas tomó Ty?

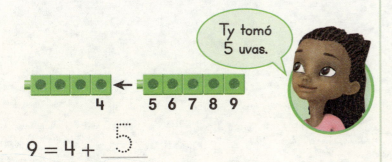

Ty tomó 5 uvas.

9 = 4 + 5

Usa cubos o haz un dibujo.
Escribe una ecuación y resuélvela.

8. Ivy tiene 2 peces en una pecera.
   Agrega algunos peces más.
   Ahora Ivy tiene 5 peces.

   ¿Cuántos agregó?

   ___ ◯ ___ ◯ ___ peces

Grupo G

Puedes sumar o restar para hallar la parte que falta.

Tom tiene 9 camisetas.
4 son rojas.
El resto son azules.

¿Cuántas camisetas azules tiene Tom?

Suma: 4 + __5__ = 9

O resta: 9 − 4 = __5__

__5__ camisetas azules

Usa cubos o haz un dibujo.
Escribe una ecuación y resuélvela.

9. Gigi tiene 8 pares de zapatos.
   4 pares son zapatillas de tenis.
   El resto son sandalias.
   ¿Cuántos pares son sandalias?

   ___ ○ ___ ○ ___

   ___ pares de sandalias

Grupo H

Hábitos de razonamiento

Construir argumentos

¿Cómo puedo usar las matemáticas para explicar mi trabajo? ¿Es clara mi explicación?

Resuelve. Usa dibujos, números o palabras para explicar.

10. Luc tiene 8 peces.
    Da 4 peces.

    ¿Cuántos peces le quedan?

46 cuarenta y seis

Nombre _____

Práctica para la evaluación

1. Hay 8 pingüinos.
   Algunos se van dentro de la cueva.
   Otros se quedan afuera.

   Une la cantidad de pingüinos dentro de la cueva con la cantidad de pingüinos afuera.

   Adentro: 5 pingüinos   4 pingüinos   7 pingüinos

   Afuera: 1 pingüino   3 pingüinos   4 pingüinos

2. Silvia tiene 10 pimientos.
   Cocina 3.
   ¿Cuántos pimientos le quedan?

   Escribe una ecuación de resta para resolver el problema.

   ___ ◯ ___ ◯ ___ pimientos

3. Sara tiene 5 cuentas verdes y 3 rojas.
   ¿Cuántas cuentas tiene en total?

   Escribe una ecuación de suma para resolver el problema.

   ___ ◯ ___ ◯ ___ cuentas

Tema 1 | Práctica para la evaluación   cuarenta y siete **47**

4. Trina tiene 8 marcadores. Luego, le regala 5 marcadores a David.

¿Qué ecuación muestra cuántos marcadores le quedan a Trina?

Ⓐ 7 − 2 = 5

Ⓑ 7 − 3 = 4

Ⓒ 8 − 5 = 3

Ⓓ 9 − 3 = 6

5. Jorge tiene 7 postales. Luego, recibe algunas más. Ahora tiene 9 postales.

¿Qué ecuación NO describe el cuento?

Ⓐ 7 + 2 = 9

Ⓑ 6 + 3 = 9

Ⓒ 9 − 7 = 2

Ⓓ 9 − 2 = 7

6. Dante tiene 5 libros. Quiere tener 7 en su colección.

¿Cuántos libros más necesita comprar Dante para tener 7 libros en total?

7 libros
Ⓐ

5 libros
Ⓑ

4 libros
Ⓒ

2 libros
Ⓓ

Nombre _____

7. Lucy y Ellie tienen 6 cubos en total.
   Ellie tiene 5 cubos.
   ¿Cuántos cubos tiene Lucy?
   Selecciona tres ecuaciones que muestran el cuento.

$6 - 4 = 2$ ☐ $6 - 5 = 1$ ☐ $5 + 1 = 6$ ☐ $3 + 3 = 6$ ☐ $6 - 1 = 5$ ☐

8. Trina tiene 6 listones. Julie tiene 2 listones.
   ¿Qué puede pasar para que ambas tengan la misma cantidad de listones?

   Ⓐ Julie le da 1 de sus listones a Trina.

   Ⓑ Trina le da 1 de sus listones a Julie.

   Ⓒ Trina le da 2 de sus listones a Julie.

   Ⓓ Trina le da 4 de sus listones a Julie.

9. Dibuja los cubos que faltan en el tablero. Luego, escribe una ecuación de resta para mostrar el cuento.

   Owen tiene 5 bloques. Le da 1 a Jordan.
   ¿Cuántos bloques le quedan a Owen?

   ___ ◯ ___ ◯ ___ bloques

Tema 1 | Práctica para la evaluación   cuarenta y nueve   49

10. Hannah tiene 9 flores. Carrie tiene 6.
¿Qué ecuación muestra cuántas flores menos que Hannah tiene Carrie?

$9 - 9 = 0$ $9 - 6 = 3$ $9 + 1 = 10$ $9 + 2 = 11$
  Ⓐ   Ⓑ   Ⓒ   Ⓓ

11. Laura tiene 7 peras.
Quiere quedarse con 2 y darle una a cada uno de sus 6 amigos.

¿Tendrá Laura suficientes peras?
Usa dibujos y palabras para explicar.

12. Nikki tiene 8 pelotas de tenis.
Thomas tiene 6.

¿Qué ecuación muestra cuántas pelotas más que Thomas tiene Nikki?

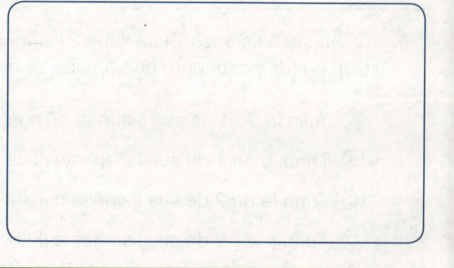

$5 + 3 = 8$ $8 - 3 = 5$ $2 - 0 = 2$ $8 - 6 = 2$
  Ⓐ   Ⓑ   Ⓒ   Ⓓ

50 cincuenta

Nombre _____

Tarea de rendimiento

Premios de patinaje
Marta es una patinadora de hielo que gana premios.

1. Marta gana 2 cintas azules y 4 rojas.

   ¿Cuántas cintas tiene en total?

   _____ cintas

2. Marta tiene 4 cintas rojas. Gana algunas cintas rojas más. Ahora tiene 7.

   ¿Cuántas cintas rojas más ganó Marta?

   _____ cintas rojas más

   Escribe una ecuación para mostrar por qué tu respuesta es correcta.

Tema 1 | Tarea de rendimiento · cincuenta y uno **51**

3. Marta tiene 8 cintas amarillas. Cuelga algunas en su puerta y el resto en la pared.

Escribe dos ecuaciones de suma diferentes para mostrar cómo puede colgar las cintas en la puerta y la pared.

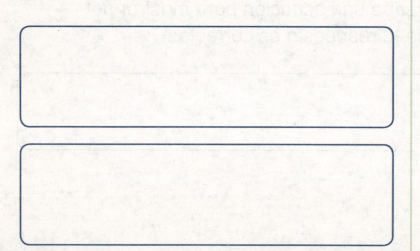

4. Marta tiene 8 cintas amarillas y 2 azules.

¿Cuántas cintas amarillas más que azules tiene?

_____ cintas amarillas más

5. Explica por qué tu respuesta a la pregunta 4 es correcta. Usa números, dibujos o palabras.

TEMA 2

Sumar y restar con fluidez hasta el 10

Pregunta esencial: ¿Qué estrategias puedes usar cuando sumas y restas?

Recursos digitales

Libro del estudiante | Aprendizaje visual | Práctica
Evaluación | Herramientas | Glosario

La cáscara protege a la bellota cuando se cae del árbol.

¿Qué podría usar la gente para protegerse de una caída?

¡Increíble! Hagamos este proyecto para aprender más.

Proyecto de enVision STEM: Protégete a ti mismo

Investigar Piensa en cosas que ayudan a las plantas y los animales a sobrevivir. ¿Qué ayuda a los humanos a sobrevivir? ¿Hacemos cosas que nos ayudan a protegernos?

Diario: Hacer un libro Muestra lo que encontraste. En tu libro, también:

- haz una lista de algunas de las cosas que los humanos hacemos para protegernos.
- inventa y resuelve problemas de suma y resta sobre esas cosas.

Tema 2 · cincuenta y tres **53**

Nombre _____

Repasa lo que sabes

Vocabulario

1. Encierra en un círculo las **partes**.

   3 + 5 = 8

2. Encierra en un círculo el número que es el **todo**.

   3 + 5 = 8

3. Encierra en un círculo el signo **igual**.

   +   −   =

Entender la suma

4. Escribe una ecuación de suma que represente el dibujo.

   ___ + ___ = ___

5. Bob ve 5 abejas. Ema ve algunas abejas. En total, ven 9 abejas. ¿Cuántas abejas vio Ema?

   Escribe una ecuación de suma para resolver el problema.

   ___ + ___ = ___

Formar números

6. Dibuja fichas para mostrar una manera de formar 8.

Nombre _____

Escoge un proyecto

PROYECTO 2A

¿A dónde te gustaría volar?

Proyecto: Crea un modelo de avión

PROYECTO 2B

¿Cuándo ocurren los relámpagos?

Proyecto: Haz un calendario del tiempo

Tema 2 | Escoge un proyecto

cincuenta y cinco **55**

PROYECTO 2C

¿Te gustaría viajar al espacio?

Proyecto: Dibuja un viaje al espacio

PROYECTO 2D

¿Son simios o monos?

Proyecto: Haz un cartel de simios y monos

Nombre _____

Lección 2-1

Contar hacia adelante para sumar

Resuélvelo y coméntalo

Le das al conejo una tarjeta numérica. El conejo coloca esa cantidad de zanahorias en la olla.
Luego, coloca 2 zanahorias más.
¿Cómo puedes hallar cuántas zanahorias hay en la olla sin contarlas?

Puedo...
sumar contando hacia adelante desde un número.

También puedo representar con modelos matemáticos.

Tema 2 | Lección 1   En línea | SavvasRealize.com   cincuenta y siete **57**

Puente de aprendizaje visual

Hay 4 tomates en la olla. Se agregan 2 más. ¿Cuántos tomates hay en la olla ahora?

Puedes usar una **recta numérica**. Cuenta hacia adelante para hallar la suma o total.

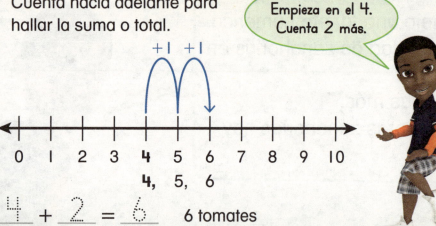

4, 5, 6

$\underline{4} + \underline{2} = \underline{6}$ 6 tomates

Empieza en el 4. Cuenta 2 más.

Puedes sumar para unir los dos grupos.

$\underline{4} + \underline{2} = \underline{6}$

2 más 4 es 6. ¡Hay 6 tomates en la olla!

¡Convénceme! ¿Cómo le sumas 1 a un número? ¿Cómo le sumas 2 a un número?

Práctica guiada Cuenta hacia adelante para hallar la suma o total.

1.

$\underline{3} + \underline{2} = \underline{5}$

2.

$\underline{} + \underline{} = \underline{}$

3.

$\underline{} + \underline{} = \underline{}$

4.

$\underline{} + \underline{} = \underline{}$

Nombre _____

Práctica independiente Cuenta hacia adelante para sumar.

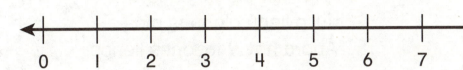

Puedes usar una recta numérica para ayudarte.

5. $2 + 3 =$ _____

6. $8 + 1 =$ _____

7. $7 + 1 =$ _____

8. $9 + 1 =$ _____

9. $4 + 3 =$ _____

10. $9 = 6 +$ _____

11. $2 + 6 =$ _____

12. $6 = 5 +$ _____

13. $5 + 3 =$ _____

14. **Sentido numérico** Encierra en un círculo **Falso** o **Verdadero**. Cuenta hacia adelante para ayudarte.

$8 + 0 = 8$	Verdadero	Falso	$3 + 1 = 5$	Verdadero	Falso
$7 + 1 = 7$	Verdadero	Falso	$6 = 4 + 0$	Verdadero	Falso
$8 = 6 + 2$	Verdadero	Falso	$6 + 1 = 7$	Verdadero	Falso

Tema 2 | Lección 1

cincuenta y nueve **59**

Resolución de problemas   Haz un dibujo y escribe una ecuación para resolver cada problema.

15. **Representar**

Diana tiene 7 uvas.
Obtiene 3 más.
¿Cuántas uvas tiene ahora?

____ ◯ ____ = ____

Diana tiene ____ uvas.

16. **Representar**

Alina llenó 6 tazones.
Julio llenó algunos más.
Ahora hay 9 tazones llenos.
¿Cuántos tazones llenó Julio?

____ ◯ ____ = ____

Julio llenó ____ tazones.

17. **Razonamiento de orden superior**

Max tiene 1 zanahoria más que Teresa.
Teresa tiene 3 zanahorias más que Susi.
Susi tiene 4 zanahorias.
Escribe cuántas zanahorias tiene cada uno.

____   ____   ____
Max   Teresa   Susi

18. **Práctica para la evaluación**

¿Cuál es la suma o total de 5 + 2?

Ⓐ 3
Ⓑ 6
Ⓒ 7
Ⓓ 8

Puedes contar hacia adelante para ayudarte.

60 sesenta   Tema 2 | Lección 1

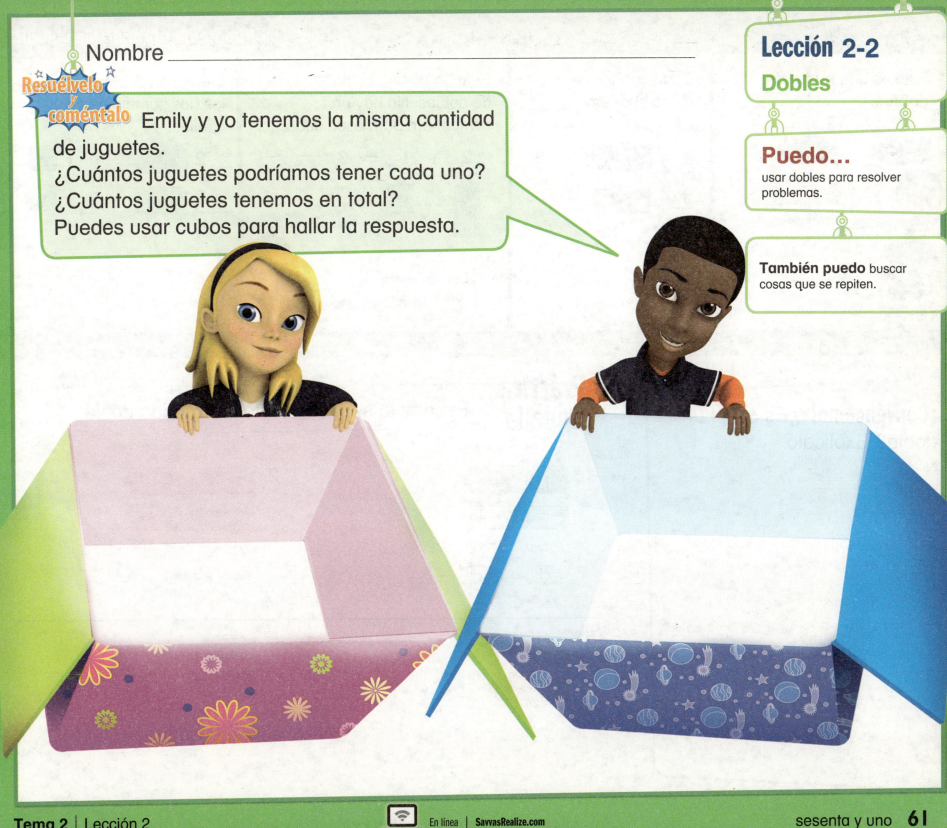

Puente de aprendizaje visual

Esta es una **suma de dobles**.

2 + 2 = 4

Los sumandos son iguales.

Cada cubo tiene un compañero.

$$\begin{array}{r}2\\+2\\\hline 4\end{array}$$

Esta no es una suma de dobles. No hay un compañero para cada cubo.

2 + 1 = 3

Los sumandos no son iguales.

Piensa en dobles cuando los dos sumandos son iguales.

$$\begin{array}{r}2\\+2\\\hline 4\end{array} \qquad \begin{array}{r}1\\+1\\\hline 2\end{array}$$

¡Convénceme! ¿Es 6 + 4 un doble? Explícalo.

Práctica guiada

Escribe la suma o el total para cada doble.

1.

   _4_ + _4_ = _8_

2.

   ___ + ___ = ___

3.

   ___ = ___ + ___

4.

   ___ + ___ = ___

62 sesenta y dos · Tema 2 | Lección 2

Nombre _____

 Escribe la suma o el total para cada suma de dobles.

5.

___ + ___ = ___

6.

___ + ___ = ___

7.

___ + ___ = ___

8.   2
   + 2
   ☐

9.   4
   + 4
   ☐

10.   0
    + 0
    ☐

11. **Vocabulario**

Haz un dibujo para mostrar una **suma de dobles**.
Escribe una ecuación de suma que represente el dibujo.

___ + ___ = ___

Tema 2 | Lección 2   sesenta y tres **63**

Resolución de problemas Haz un dibujo para resolver cada problema.

12. **Entender** Nadia hace 4 pasteles. Juan hace la misma cantidad de pasteles.

    ¿Cuántos pasteles hacen Nadia y Juan en total?

    _____ pasteles

13. **Entender** Irma tiene 2 bolsillos. En cada bolsillo tiene 5 monedas de 1¢.

    ¿Cuántas monedas de 1¢ tiene Irma en total?

    _____ monedas de 1¢

14. **Razonamiento de orden superior**
    ¿Puede una suma de dobles tener un total de 9?
    Haz un dibujo para hallar la respuesta.
    Encierra en un círculo **Sí** o **No**.

    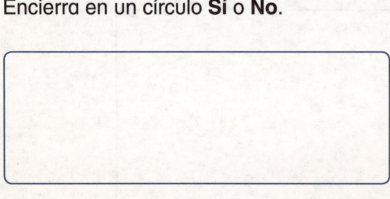

    Sí   No

15. **Práctica para la evaluación**
    ¿Qué suma de dobles tiene un total de 6?

    Ⓐ 2 + 2

    Ⓑ 3 + 2

    Ⓒ 3 + 3

    Ⓓ 4 + 4

Nombre _____

Resuélvelo y coméntalo

Mira estos problemas de suma.

$3 + 3$ $2 + 2$ $4 + 5$ $3 + 4$ $2 + 3$ $4 + 4$

¿En qué se parecen? ¿En qué se diferencian?
Clasifícalos en dos grupos y escríbelos en las cubetas.

Lección 2-3
Casi dobles

Puedo...
resolver problemas usando sumas de casi dobles.

También puedo razonar sobre las matemáticas.

Tema 2 | Lección 3   En línea | SavvasRealize.com   sesenta y cinco **65**

Puente de aprendizaje visual

Puedes usar una suma de dobles para hallar una **suma de casi dobles**.

4 + 5 = ?
4 + 6 = ?

Puedo usar la suma de dobles 4 + 4.

4 + 5 es 4 + 4 y 1 más.

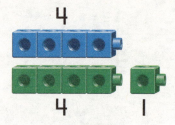

4
4   1

8 más 1 son 9.

4 + 6 es 4 + 4 y 2 más.

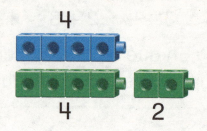

4
4   2

8 más 2 son 10.

$$\begin{array}{r}4\\+5\\\hline 9\end{array} \qquad \begin{array}{r}4\\+6\\\hline 10\end{array}$$

Saber las sumas de dobles te ayuda a resolver las sumas de casi dobles.

¡Convénceme! ¿De qué manera saber la suma de 3 + 3 te ayuda a hallar la suma de 3 + 4?

Práctica guiada

Usa una suma de dobles para resolver cada suma de casi dobles.

1. 2 + 3 = ?

   <u>2</u> + <u>2</u> = <u>4</u>

   Por tanto, <u>2</u> + <u>3</u> = <u>5</u>.

2. 2 + 4 = ?

   ___ + ___ = ___

   Por tanto, ___ + ___ = ___.

Nombre _____

Práctica independiente Usa una suma de dobles para hallar cada suma de casi dobles.

3. 3 + 4 = ?

___ + ___ = ___

Por tanto, ___ + ___ = ___.

4. 3 + 5 = ?

___ + ___ = ___

Por tanto, ___ + ___ = ___.

5. 4
   +5
   ☐

6. 2
   +4
   ☐

7. 2
   +1
   ☐

8. 3 + 2 = ___

9. 1 + 3 = ___

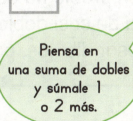

Piensa en una suma de dobles y súmale 1 o 2 más.

Sentido numérico Escribe los números que faltan.

10. Si 2 + ___ = 4, entonces 2 + ___ = 5.

11. Si 4 + ___ = 8, entonces 4 + ___ = 9.

Tema 2 | Lección 3

Resolución de problemas Resuelve cada problema.

12. **Razonar** Omar se come 2 peras. Gilda se come 2 peras y luego 2 más. ¿Cuántas peras se comieron Omar y Gilda en total?

_____ peras en total

13. **Razonar** Sam encuentra 3 caracoles. Beto encuentra 4 caracoles. ¿Cuántos caracoles encontraron en total?

_____ caracoles en total

14. **Razonamiento de orden superior** Usa una suma de casi dobles. Escribe un problema-cuento sobre esa suma de casi dobles. Puedes usar dibujos, palabras y números.

15. **Práctica para la evaluación** Suma 4 + 3.

Ⓐ 10
Ⓑ 9
Ⓒ 8
Ⓓ 7

Puedes usar una suma de dobles para ayudarte a resolver el problema.

Nombre _____

Lección 2-4
Operaciones con 5 en un marco de 10

Resuélvelo y coméntalo Toma un pequeño puñado de fichas. Tíralas sobre la página. Colócalas en el marco de 10. Escribe una ecuación de suma que represente las fichas rojas y amarillas. Cuenta cómo el marco de 10 te ayuda a sumar.

Puedo... usar un marco de 10 para ayudarme a resolver sumas con 5 y 10.

También puedo representar con modelos matemáticos.

____ + ____ = ____

Tema 2 | Lección 4 | En línea | SavvasRealize.com | sesenta y nueve **69**

Puente de aprendizaje visual

Puedes usar un marco de 10 para mostrar una operación de suma con 5.

$5 + 3 = ?$

Empieza con 5 y suma 3 más.

5 más 3 son 8.

Hay 8 fichas en el marco de 10.

$5 + 3 = 8$

Puedes mostrar otra operación de suma en el marco de 10. Hay 8. Forma 10.

2 casillas están vacías. Añade 2 fichas.

8 más 2 son 10.

$8 + 2 = 10$

¡Convénceme! ¿De qué manera un marco de 10 te ayuda a sumar $5 + 4$?

☆ **Práctica guiada** ☆

Mira los marcos de 10. Escribe una operación de suma con 5. Luego, escribe una operación que sume 10.

1.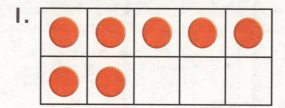

$5 + \underline{2} = 7$

$7 + \underline{3} = 10$

2.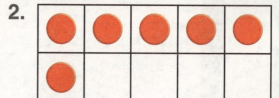

$5 + \underline{} = \underline{}$

$\underline{} + \underline{} = 10$

70 setenta · Tema 2 | Lección 4

Nombre _____

 Mira cada marco de 10.
Escribe una operación de suma con 5.
Luego, escribe una operación de suma que sume 10.

3.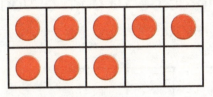

5 + ___ = ___

___ + ___ = 10

4.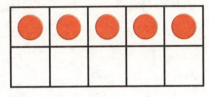

5 + ___ = ___

___ + ___ = 10

5.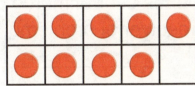

5 + ___ = ___

___ + ___ = 10

6. **Razonamiento de orden superior**
Usa 2 colores para dibujar fichas en los marcos de 10.
Hazlas coincidir con las ecuaciones de suma.
Luego, escribe los números que faltan.

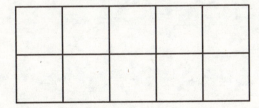

8 + ___ = 10

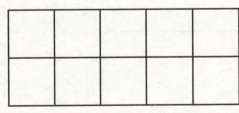

7 + ___ = 10

¿Qué número falta para formar 10?

Tema 2 | Lección 4

setenta y uno **71**

Resolución de problemas   Resuelve cada problema.

7. **Representar** Un equipo tiene 5 pelotas. El entrenador trae 3 más. ¿Cuántas pelotas tiene el equipo ahora?

   Puedes usar el marco de 10 para ayudarte a resolver el problema.

   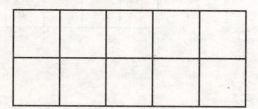

   _____ pelotas

8. **Representar** Cami lee 5 libros. Susana lee 4 libros. ¿Cuántos libros leyeron las niñas en total?

   Puedes usar el marco de 10 para ayudarte a resolver el problema.

   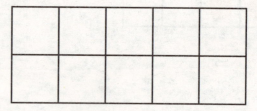

   _____ libros

9. **Razonamiento de orden superior** Escribe un cuento sobre sumar hasta 10. Luego, escribe una ecuación para tu cuento.

   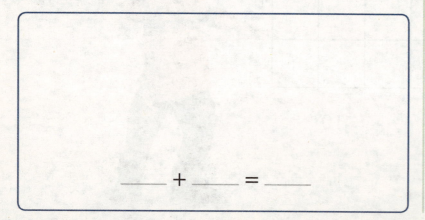

10. **Práctica para la evaluación** ¿Qué suma es igual a 10? Selecciona todas las que apliquen.

    ☐ 5 + 5 = _____
    ☐ 6 + 3 = _____
    ☐ 7 + 3 = _____
    ☐ 4 + 7 = _____

Nombre _____

Lección 2-5
Sumar en cualquier orden

Resuélvelo y coméntalo Escribe una ecuación de suma que represente los cubos verdes y amarillos en cada torre. ¿En qué se parecen las ecuaciones de suma? ¿En qué se diferencian?

Puedo...
usar los mismos sumandos para escribir dos ecuaciones diferentes con la misma suma o total.

También puedo buscar patrones.

____ + ____ = ____

____ + ____ = ____

Tema 2 | Lección 5 · En línea | SavvasRealize.com · setenta y tres **73**

Puente de aprendizaje visual

Puedes cambiar el orden de los sumandos. La suma o total será la misma.

4 y 2 es 6.

2 y 4 es 6.

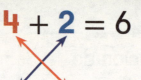

Puedes escribir 2 ecuaciones de suma.

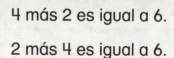

4 más 2 es igual a 6.
2 más 4 es igual a 6.

$$\begin{array}{r}4\\+2\\\hline 6\end{array} \qquad \begin{array}{r}2\\+4\\\hline 6\end{array}$$

¡Convénceme! ¿De qué manera puedes usar cubos para mostrar que 5 + 3 es igual a 3 + 5?

Práctica guiada Colorea para cambiar el orden de los sumandos. Luego, escribe las ecuaciones de suma.

1.

    $\underline{3} + \underline{4} = \underline{7}$

    ___ + ___ = ___

2.
    ___ + ___ = ___

    ___ + ___ = ___

74 setenta y cuatro   Tema 2 | Lección 5

Nombre _____

Práctica independiente — Escribe la suma o total. Luego, cambia el orden de los sumandos y escribe la nueva ecuación de suma.

3. 2 + 3 = ___
   ___ + ___ = ___

4. 1 + 6 = ___
   ___ + ___ = ___

5. ___ = 3 + 6
   ___ = ___ + ___

6. 5 + 2 = ___
   ___ + ___ = ___

7. 4 + 5 = ___
   ___ + ___ = ___

8. 6 + 2 = ___
   ___ + ___ = ___

Sentido numérico Usa los números en las tarjetas para escribir dos ecuaciones de suma.

9.
   ___ + ___ = ___
   ___ + ___ = ___

10.
    ___ = ___ + ___
    ___ = ___ + ___

Tema 2 | Lección 5

Resolución de problemas Resuelve cada problema.

11. **Representar** Lisa y Ana recogieron 6 latas.
Recogieron 4 latas más.
¿Cuántas latas recogieron en total?

Haz un dibujo. Luego, escribe dos ecuaciones diferentes de suma.

___ + ___ = ___

___ + ___ = ___

12. **Razonamiento de orden superior**
Haz un dibujo de 5 pájaros.
Dibuja algunos pájaros azules y otros rojos.

Escribe dos ecuaciones de suma que representen el dibujo.

___ + ___ = ___

___ + ___ = ___

13. **Práctica para la evaluación**
Mira las dos ecuaciones de suma.
¿Cuál es el sumando que falta?

$9 = \underline{\ ?\ } + 2$

$9 = 2 + \underline{\ ?\ }$

Ⓐ 6
Ⓑ 7
Ⓒ 8
Ⓓ 9

Las dos ecuaciones tienen un 2 y un 9.

76 setenta y seis · Tema 2 | Lección 5

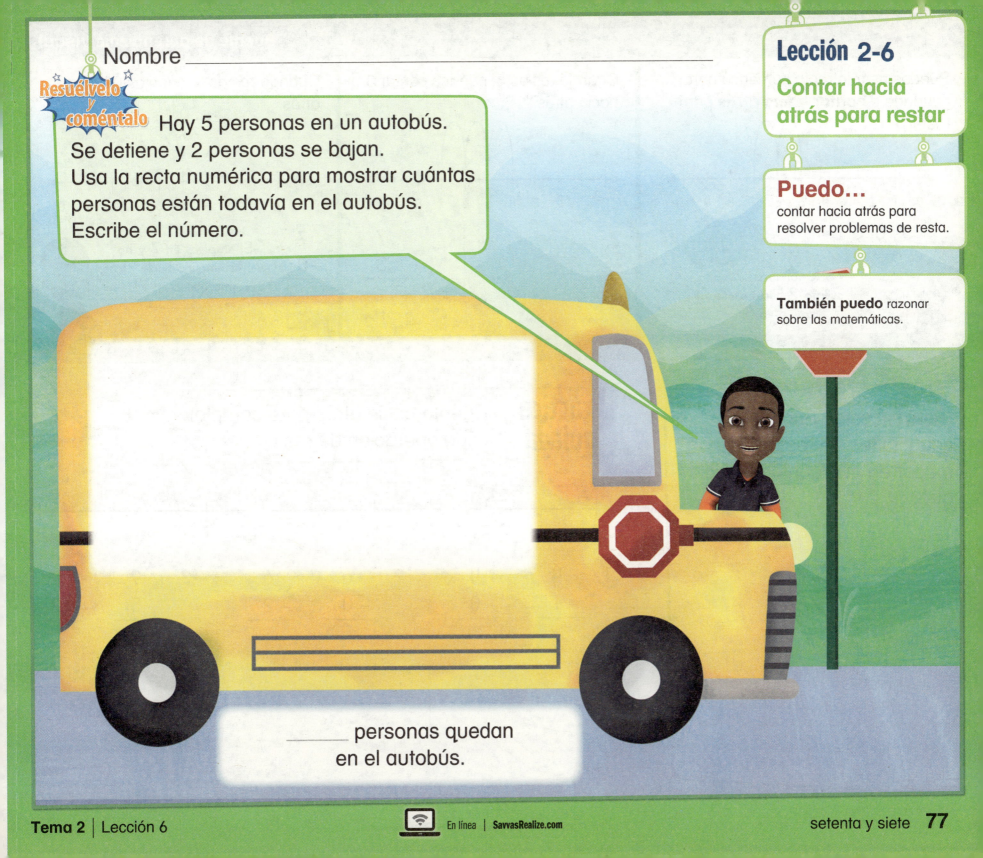

Puente de aprendizaje visual

Puedes usar la recta numérica para ayudarte a **contar hacia atrás** para restar.

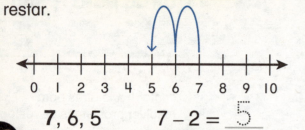

7, 6, 5   7 − 2 = 5

Si empiezo en 7 y cuento 2 hacia atrás, termino en 5.

Cuando restas 3, puedes contar 3 hacia atrás.

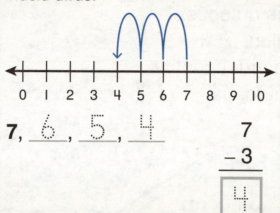

7, 6, 5, 4

7
− 3
―――
4

Cuando restas 0, cuentas 0 hacia atrás.

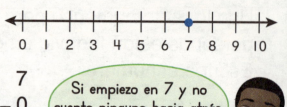

7
− 0
―――
7

Si empiezo en 7 y no cuento ninguno hacia atrás, ¡me quedo en 7!

¡Convénceme! Escribe ecuaciones de resta que muestren que contaste hacia atrás 1, 2 y 3.

Práctica guiada Cuenta hacia atrás para completar cada operación de resta.

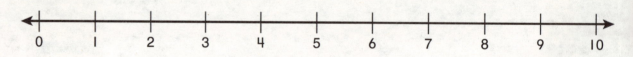

1. 4   4
   −1   −0
   ――   ――
    3   4

2. 6   6
   −0   −2
   ――   ――

3. 9   9
   −5   −3
   ――   ――

78 setenta y ocho   Tema 2 | Lección 6

Nombre _____

Práctica independiente — Completa cada operación de resta.
Cuenta hacia atrás en la recta numérica para ayudarte.

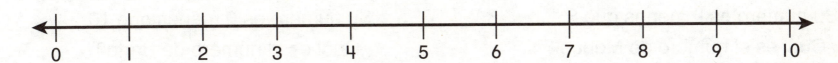

4. 6
   −5
   ☐

5. 8
   −0
   ☐

6. 10
   −2
   ☐

7. 7
   −4
   ☐

8. 9
   −4
   ☐

 Haz un dibujo y escribe una ecuación para resolver el problema.

9. **Razonamiento de orden superior**
   Ale y Raúl compran lápices.
   Ale compra 10 lápices.
   Raúl compra 8 lápices.
   ¿Cuántos lápices menos compró Raúl?

   ____ lápices menos

Tema 2 | Lección 6   setenta y nueve **79**

Resolución de problemas — Resuelve cada problema. Escribe una ecuación de resta que represente el problema.

10. **Razonar**
Manuel escoge un número.
Su número es 4 menos que 8.
¿Cuál es el número de Manuel?

___ − ___ = ___

El número de Manuel es ___.

11. **Razonar**
Berta está pensando en un número.
Su número es 0 menos que 10.
¿Cuál es el número de Berta?

___ − ___ = ___

El número de Berta es ___.

12. **Razonamiento de orden superior**
Completa la ecuación de resta.
Luego, escribe un cuento que represente la ecuación.

5 − 1 = ___

13. **Práctica para la evaluación**
Selecciona la diferencia.

10 − 3 = ___

Ⓐ 7
Ⓑ 5
Ⓒ 3
Ⓓ 1

Puedes trazar una recta numérica para ayudarte a restar.

80 ochenta — Tema 2 | Lección 6

Nombre _____

Lección 2-7
Pensar en la suma para restar

Resuélvelo y coméntalo

Elena tiene 6 pelotas.
Luego, 4 se le volaron.
¿Cuántas pelotas le quedan?

Elena dice que puede resolver 6 – 4 sumando a 4.
¿Qué opinas que hizo Elena?
Muestra tu trabajo.

Puedo... usar operaciones de suma que ya conozco para ayudarme a resolver problemas de resta.

También puedo buscar patrones.

Operación de suma: ____ + ____ = ____   Por tanto, ____ – ____ = ____.

Tema 2 | Lección 7   ochenta y uno **81**

 Aprendizaje visual A-Z Glosario

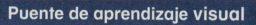 **Puente de aprendizaje visual**

Puedes usar la suma para ayudarte a restar.

$7 - 3 = \boxed{?}$

$3 + \boxed{?} = 7$

¿Qué le puedo sumar a 3 para formar 7? 3... 4, 5, 6, 7

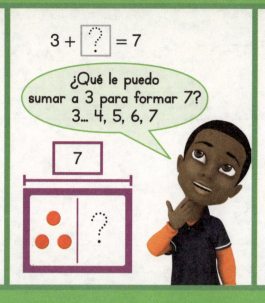

$3 + \boxed{4} = 7$

La parte que falta es 4.

Piensa en la operación de suma para resolver una ecuación de resta. Por tanto, $7 - 3 = \boxed{4}$.

La diferencia también es 4.

¡Convénceme! ¿De qué manera una operación de suma te ayuda a resolver $7 - 6$?

Práctica guiada

Piensa en la suma para ayudarte a restar. Dibuja la parte que falta. Luego, escribe los números.

1.

$5 - 4 = ?$

$4 + \underline{} = 5$

Por tanto, $5 - 4 = \underline{}$.

2.

$6 - 5 = ?$

$5 + \underline{} = 6$

Por tanto, $6 - 5 = \underline{}$.

Nombre _____

Práctica independiente

Piensa en la suma para ayudarte a restar.
Dibuja la parte que falta.
Luego, escribe los números.

3. | 8 |

6 + ____ = 8

Por tanto, 8 − 6 = ____.

4. | 7 |

4 + ____ = 7

Por tanto, 7 − 4 = ____.

5. | 4 |

3 + ____ = 4

Por tanto, 4 − 3 = ____.

6. **Razonamiento de orden superior**
Dibuja la figura para completar la ecuación.

Si ⬤ + 🔺 = ⬛,

entonces ⬛ − ⬤ = ____.

Puedes usar operaciones de suma que conoces para ayudarte a restar.

Tema 2 | Lección 7
ochenta y tres 83

Resolución de problemas Escribe una ecuación de suma y una de resta para resolver el problema.

7. **Usar herramientas**
Pamela necesita 8 boletos para subirse a un juego.
Tiene 2.

¿Cuántos boletos más necesita Pamela?

____ + ____ = ____

____ − ____ = ____

____ boletos

¿Qué herramienta puede ayudarte a resolver este problema?

8. **Razonamiento de orden superior**
Una caja tiene 6 crayones.
4 crayones están dentro de la caja.
Celia usó esta suma para saber cuántos crayones faltaban en la caja.
¿Tiene razón?
Explícalo.

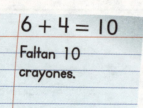

6 + 4 = 10
Faltan 10 crayones.

9. **Práctica para la evaluación**
¿Qué operaciones de suma pueden ayudarte a resolver 9 − 2?
Selecciona las dos que apliquen.

☐ 7 + 2 = 9
☐ 5 + 4 = 9
☐ 2 + 7 = 9
☐ 8 + 1 = 9

84 ochenta y cuatro

Nombre _____

Resuélvelo y coméntalo

6 peces están nadando. Algunos peces más se acercan. Ahora hay 10 peces. ¿Cuántos peces se unieron al grupo?

Lección 2-8
Resolver problemas verbales con operaciones hasta el 10

Puedo...
hacer dibujos y escribir ecuaciones para ayudarme a resolver problemas verbales.

También puedo representar con modelos matemáticos.

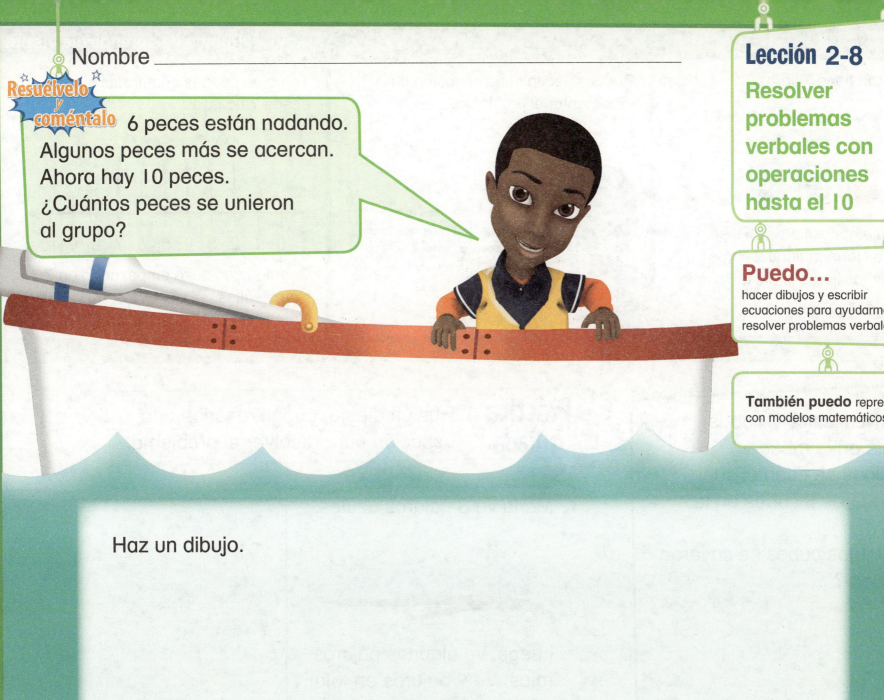

Haz un dibujo.

Tema 2 | Lección 8 ochenta y cinco 85

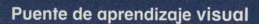

Puente de aprendizaje visual

Norman tiene 7 libros.

Le da algunos libros a Rosa. Ahora Norman tiene 2 libros. ¿Cuántos libros le dio a Rosa?

Puedes escribir una ecuación para representar el problema.

$$7 - \underline{} = 2$$

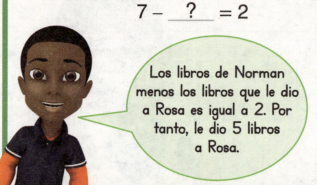

Los libros de Norman menos los libros que le dio a Rosa es igual a 2. Por tanto, le dio 5 libros a Rosa.

También puedes contar hacia atrás desde 7 hasta 2.

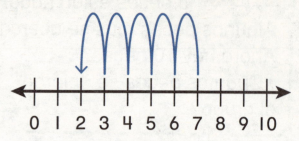

Cuenta cada salto empezando en 7. Hay 5 saltos.
Norman le da a Rosa 5 libros.

¡Convénceme! 7 cubos están en la mesa. Algunos se caen al suelo. Ahora hay 3 cubos en la mesa.
¿Cuántos cubos se cayeron al suelo?

Práctica guiada Haz un dibujo. Luego, escribe una ecuación para resolver el problema.

1. María ve 3 pájaros azules.

Luego, ve algunos pájaros rojos. Ve 9 pájaros en total. ¿Cuántos pájaros rojos vio María?

_____ pájaros rojos

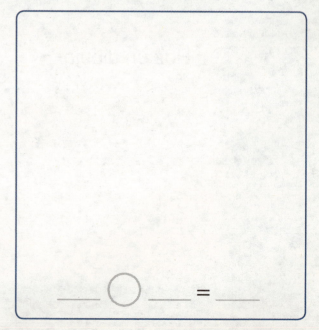

_____ ◯ _____ = _____

86 ochenta y seis · Tema 2 | Lección 8

Nombre _____

Práctica independiente

Haz un dibujo. Luego, escribe una ecuación y resuelve.

2. Neto recoge 7 fresas.
Luego, Edy recoge más fresas.
Neto y Edy recogieron 10 fresas en total.
¿Cuántas fresas recogió Edy?

____ fresas

____ ◯ ____ = ____

3. Verónica tiene 8 flores en su jardín.
Corta algunas.
Ahora quedan 4 flores.
¿Cuántas flores cortó Verónica?

____ flores

____ ◯ ____ = ____

4. Razonamiento de orden superior
Escribe un cuento numérico que represente el dibujo. Luego, escribe una ecuación.

_____

_____

_____

____ = ____ ◯ ____

Tema 2 | Lección 8

Resolución de problemas

Resuelve cada problema.
Haz un dibujo y escribe ecuaciones para ayudarte.

5. **Entender**
Carlos dibujó 9 estrellas.
Nora dibujó 4.
¿Cuántas estrellas menos que Carlos dibujó Nora?

_____ estrellas menos

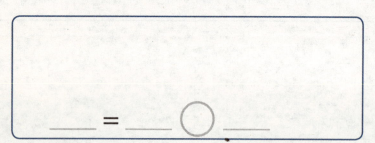

___ = ___ ◯ ___

6. **Entender**
Ben encontró 3 piedras el lunes.
El viernes encontró 7.
¿Cuántas piedras más que el lunes encontró Ben el viernes?

_____ piedras más

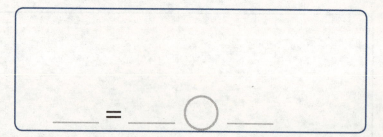

___ = ___ ◯ ___

7. **Razonamiento de orden superior**
Escribe un cuento numérico y una ecuación que represente el dibujo.

8. **Práctica para la evaluación**
5 patitos van en una fila.
Más patitos se les unen.
Ahora hay 8 patitos.
¿Cuántos patitos se les unieron?

Ⓐ 8 patitos
Ⓑ 5 patitos
Ⓒ 4 patitos
Ⓓ 3 patitos

Puedes hacer un dibujo o escribir una ecuación para ayudarte.

88 ochenta y ocho

Nombre _____

Resuélvelo y coméntalo Usa fichas y un tablero de parte-parte-todo para mostrar diferentes maneras de formar 10. Escribe las diferentes maneras en la tabla.

Resolución de problemas

Lección 2-9
Buscar y usar la estructura

Puedo...
buscar patrones y usar la estructura para resolver problemas.

También puedo formar 10 de diferentes maneras.

10

Hábitos de razonamiento

¿Hay un patrón?

¿Cómo puedo describir el patrón?

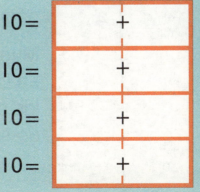

10 =	+
10 =	+
10 =	+
10 =	+

Tema 2 | Lección 9 · En línea | SavvasRealize.com · ochenta y nueve **89**

 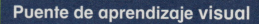

Puente de aprendizaje visual

Los osos y los leones quieren cruzar el mar. Solamente 10 animales caben en el bote. Muestra todas las maneras en que pueden ir en el bote.

¿Cómo puedo usar la estructura para resolver el problema?

Osos	Leones
0	10
1	9

Puedo usar una tabla y patrones para ayudarme a hallar todas las maneras de formar 10.

Al aumentar la cantidad de osos en...

Osos	Leones
0	10
1	9
2	8
3	7
4	6
5	5
6	4
7	3
8	2
9	1
10	0

...la cantidad de leones disminuye en...

La tabla muestra todas las formas en que los osos y los leones pueden ir en el bote.

¡Convénceme! Describe el patrón de la tabla que muestra cuántos osos y leones hay.

Práctica guiada
Usa la tabla y patrones para ayudarte a resolver el problema.

1. Pati tiene 4 calcomanías de perros y 4 de gatos. Pega 6 calcomanías en una página de su libro.

   Muestra 3 maneras diferentes en las que Pati puede poner las calcomanías en la página de su libro.

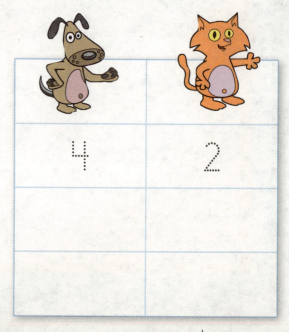

90 noventa

Tema 2 | Lección 9

Nombre _____

Práctica independiente

Usa patrones para ayudarte a resolver cada problema.

2. Max tiene 5 marcadores. Puede guardar algunos en su escritorio y otros en su mochila.

   Completa la tabla para mostrar todas las maneras.

Escritorio	Mochila
0	___
___	4
2	3
3	___
___	1
___	___

3. La señora Davis quiere llenar una caja con 10 premios. Tiene 7 pelotas y 7 globos.

   Completa la tabla para mostrar todas las maneras.

7	3
6	4
5	___
4	___
___	___

Usa patrones para ayudarte a resolver el problema.

4. **Razonamiento de orden superior**

   Julia planta 10 flores.
   Planta algunas cerca de un árbol y otras en una maceta.
   Halla 3 maneras diferentes en las que Julia puede plantar las flores.

   ___ cerca del árbol y ___ en la maceta

   ___ cerca del árbol y ___ en la maceta

   ___ cerca del árbol y ___ en la maceta

Tema 2 | Lección 9

Resolución de problemas

Tarea de rendimiento

Frutas

Pedro come 7 frutas.
Come fresas y uvas.
Ben y María hicieron tablas para mostrar las diferentes maneras en las que Pedro puede comer fresas y uvas.

Ben

🍓	🍇
0	
1	
2	
3	
4	
5	
6	
7	

María

🍓	🍇
	6
	1
	4
	3
	2
	5
	0
	7

5. Representar

Completa cada tabla.
Usa cubos o haz un dibujo para ayudarte.

6. Buscar patrones

Describe un patrón que se haya usado en cada tabla.

_____

_____

_____

92 noventa y dos Copyright © Savvas Learning Company LLC. All Rights Reserved. Tema 2 | Lección 9

Nombre _____

TEMA 2 — Actividad de práctica de fluidez

Trabaja con un compañero. Señala una pista y léela. Mira la siguiente tabla de la página y busca la pareja de esa pista. Escribe la letra de la pista en la casilla al lado de su pareja. Halla una pareja para cada pista.

Puedo... sumar y restar hasta el 10.

También puedo construir argumentos matemáticos.

Pistas

- **A** $3 + 1$
- **B** $8 + 2$
- **C** $4 + 3$
- **D** $2 + 3$
- **E** $1 + 2$
- **F** $5 - 3$
- **G** $9 - 1$
- **H** $5 + 4$

| ☐ $3 + 2$ | ☐ $2 + 8$ | ☐ $2 + 1$ | ☐ $4 + 5$ |
| ☐ $3 + 4$ | ☐ $4 - 2$ | ☐ $1 + 3$ | ☐ $8 - 0$ |

Las respuestas de Empareja lo están en la siguiente página.

Tema 2 | Actividad de práctica de fluidez

TEMA 2 — Repaso del vocabulario

Lista de palabras
- más
- menos
- recta numérica
- suma de casi dobles
- suma de dobles

Comprender el vocabulario

1. Encierra en un círculo la ecuación de suma que muestra la recta numérica.

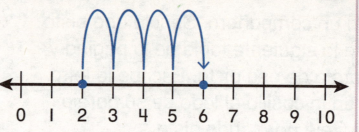

$1 + 1 = 2$ $2 + 1 = 3$ $2 + 4 = 6$ $3 + 3 = 6$

2. Tacha los problemas que **NO** muestran sumas de dobles.

    $3 + 7$

    $2 + 2$

    $1 + 2$

3. Encierra en un círculo las sumas de casi dobles.

    $4 + 5$

    $2 + 7$

    $3 + 6$

4. Encierra en un círculo la palabra que complete la oración. Sam tiene 6 bolígrafos y Bety tiene 4 bolígrafos. Bety tiene 2 bolígrafos _____ que Sam.

    más   rojos   menos

Usar el vocabulario al escribir

5. Escribe y resuelve un problema-cuento. Usa al menos una de las palabras de la Lista de palabras.

94 noventa y cuatro

Nombre _____

Grupo A

Hay 8 pimientos en la olla. Puedes sumar 1 más contando 1 más.

1 más que 8 es 9.

$\underline{8} + \underline{1} = \underline{9}$

Refuerzo — TEMA 2

Suma 0, 1 o 2 para hallar el total. Escribe la operación de suma.

1.

___ + ___ = ___

2.

___ + ___ = ___

Grupo B

Puedes usar sumas de dobles para sumar.

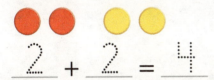

$\underline{2} + \underline{2} = \underline{4}$

$\underline{3} + \underline{3} = \underline{6}$

Los sumandos son iguales. Son dobles.

Escribe una ecuación de suma para cada suma de dobles.

3.

___ + ___ = ___

4.

¿Cuántas monedas hay en total?

___ + ___ = ___

Tema 2 | Refuerzo noventa y cinco **95**

Grupo C

Puedes usar una suma de dobles para sumar casi dobles.

2 + 2

2 + 2 y 1 más

2 + 2 = 4   2 + 3 = 5

Halla cada suma.

5. ___ + ___ = ___

___ + ___ = ___

Grupo D

Puedes usar un marco de 10 para aprender operaciones con 5.

Mira la ecuación de suma.
Dibuja fichas en el marco.

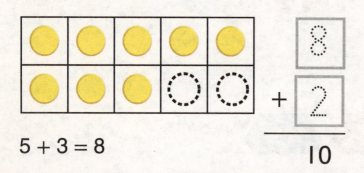

5 + 3 = 8

Dibuja fichas y completa los problemas de suma.

6.

5 + 1 = ___

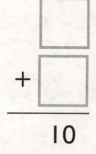

96 noventa y seis

Nombre _____

Grupo E

Halla la suma.

2 + 5 = 7
       suma o total

Puedes cambiar el orden de los sumandos.

Escribe la nueva ecuación de suma.

5 + 2 = 7
       suma o total

La suma o total es la misma.

Escribe la suma. Luego, cambia el orden de los sumandos y escribe una nueva ecuación de suma.

7. 1 + 4 = ___

___ + ___ = ___

8. 6 + 3 = ___

___ + ___ = ___

Refuerzo (continuación)

Cuando cambias el orden de los sumandos, la suma sigue siendo la misma.

Grupo F

Puedes restar contando hacia atrás.

9 menos 2 es 7.

Escribe la ecuación de resta.

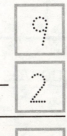

Cuenta hacia atrás para hallar la diferencia. Escribe una operación de resta.

9.
   4
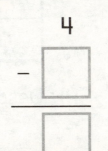

4 menos 1 es ___.

10.
   6

6 menos 0 es ___.

Tema 2 | Refuerzo   noventa y siete **97**

Grupo G

Puedes pensar en la suma para ayudarte a restar.

La parte que falta es 3.

$5 + \underline{3} = 8$

Por tanto,

$8 - 5 = \underline{3}$.

Piensa en la suma para ayudarte a restar.

11.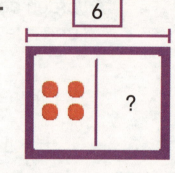

$4 + \underline{} = 6$

Por tanto, $6 - 4 = \underline{}$.

12.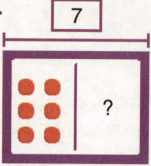

$6 + \underline{} = 7$

Por tanto, $7 - 6 = \underline{}$.

Grupo H

Hábitos de razonamiento

Buscar y usar la estructura

¿Hay un patrón?

¿Cómo puedo describir el patrón?

La familia de Daniela puede cuidar 3 animales. Daniela muestra las maneras que pueden cuidar gatos y perros.

13. Completa la siguiente tabla.

Perros	0	1	2	3
Gatos				

14. Describe el patrón que ves en la tabla.

Nombre _____

Práctica para la evaluación

1. Mónica tiene 3 carritos.
   Le regalan 4 más.
   ¿Cuántos carritos tiene Mónica ahora?

   Ⓐ 7
   Ⓑ 8
   Ⓒ 9
   Ⓓ 10

2. Brad tiene 5 libros.
   Su papá le da 4 más.
   ¿Cuántos libros tiene Brad ahora?

   Ⓐ 1
   Ⓑ 4
   Ⓒ 5
   Ⓓ 9

   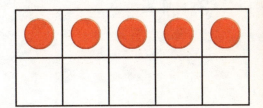

3. Sami se ganó 7 estrellas en la clase de gimnasia.
   Ganó 3 en la clase de música.
   ¿Cuántas estrellas se ganó Sami en total?
   Explica cómo lo sabes.

   _____ estrellas

4. Halla 8 − 2.
   Muestra tu trabajo.

   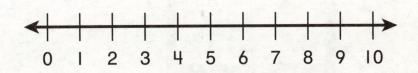

   8 − 2 = _____

Tema 2 | Práctica para la evaluación   noventa y nueve **99**

5. Escribe la suma de dobles que te ayuda a hallar 3 + 4. Halla la suma o total.

_____ + _____ = _____

3 + 4 = _____

6. Yuri está pensando en un número. Su número es 0 menos que 9. Escribe una ecuación para hallar ese número.

_____ − _____ = _____

7. Hay una parte que falta en las ecuaciones y el modelo. Halla la parte que falta.

1 + _____ = 6

6 − 1 = _____

8. Selecciona dos ecuaciones de suma que representen la imagen.

_?_ + _?_ = _?_

☐ 1 + 4 = 5

☐ 2 + 2 = 4

☐ 3 + 1 = 4

☐ 4 + 1 = 5

☐ 3 + 3 = 6

Nombre _____

9. Selecciona dos ecuaciones de suma que pueden ayudarte a hallar $9 - 3$.

☐ $6 + 3 = 9$

☐ $9 + 3 = 12$

☐ $3 + 6 = 9$

☐ $9 + 1 = 10$

☐ $9 + 6 = 15$

10. Halla $5 + 4$.

$5 + 4 =$ _____

Puedes usar una suma de dobles para ayudarte.

11. Pablo tiene 5 uvas. Su amigo le da 3 más.

¿Cuántas uvas tiene Pablo en total?

Ⓐ 8

Ⓑ 9

Ⓒ 10

Ⓓ 11

12. 3 ranas están sobre una piedra. 3 más se les unen.

¿Cuántas ranas hay en total?
Haz un dibujo y escribe una ecuación.

____ ◯ ____ = ____ ranas

Tema 2 | Práctica para la evaluación   ciento uno **101**

13. ¿Cuál es una suma de dobles?

    Ⓐ 4 + 2 = 6

    Ⓑ 4 + 3 = 7

    Ⓒ 4 + 4 = 8

    Ⓓ 4 + 5 = 9

14. Érica está pensando en un número. Su número es 5 menos que 10.

    ¿Qué suma de dobles puedes usar para resolver el problema de Érica?

    10 − 5 = ___?___

    ___ + ___ = ___

15. Pensar en la suma te ayuda a restar. Halla la parte que falta. Luego, escribe los números.

    4 + ___ = 10

    10 − 4 = ___

16. Tina quiere comprar 6 cuentas. Puede comprar cuentas rojas o azules. Muestra las diferentes maneras en que Tina puede comprar las cuentas.

Rojo		___	2	3	___	5	___
Azul		6	5	___	___	___	0

102 ciento dos

Nombre _____

Frutas preferidas

Los estudiantes del primer grado contestaron una encuesta sobre sus frutas preferidas. Hicieron esta tabla.

Nuestras frutas preferidas	
Fruta	Cantidad de votos
Manzana	5
Naranja	4
Plátano	6
Fresa	2
Arándano	3
Cereza	3
Durazno	4
Uva	1

TEMA 2 — Tarea de rendimiento

1. ¿Cuántos estudiantes menos votaron por **Fresa** que por **Manzana**? Haz un dibujo y escribe una ecuación para resolver el problema.

2. Laura dice que puede usar casi dobles para hallar la cantidad total de votos para **Plátano** y **Fresa**. ¿Estás de acuerdo?

   Encierra **Sí** o **No**.

   Explícalo

Tema 2 | Tarea de rendimiento   ciento tres **103**

3. 2 niñas votaron por **Naranja**.
Algunos niños votaron por **Naranja**.
¿Cuántos niños votaron por **Naranja**?

Haz un dibujo para resolver el
problema. Luego, escribe una ecuación
de suma o de resta.

Escribe cuántos niños votaron
por **Naranja**.

_____

4. Menos niñas votaron por **Plátano** que niños.
Completa la tabla. Muestra diferentes maneras
en las que los niños y las niñas podrían haber
votado.

Niñas	Niños

5. Gilda dice que **Arándano** y **Naranja** tienen
la misma cantidad de votos que **Cereza** y
Durazno. ¿Tiene razón? Explica cómo lo sabes.

104   ciento cuatro

Copyright © Savvas Learning Company LLC. All Rights Reserved.

Tema 2 | Tarea de rendimiento

TEMA 3
Operaciones de suma hasta el 20: Usar estrategias

Pregunta esencial: ¿Qué estrategias puedes usar para sumar hasta 20?

Recursos digitales

Libro del estudiante | Aprendizaje visual | Práctica

Evaluación | Herramientas | Glosario

Los dientes de algunos animales son especiales para comer plantas.

Los dientes de otros animales son especiales para comer carne.

¡Qué interesante! Hagamos este proyecto para aprender más.

Proyecto de enVision STEM: ¿Qué comen?

Investigar Habla con tus amigos y tu familia acerca de lo que comen diferentes animales. Pregúntales cómo los dientes de los animales los ayudan a sobrevivir y satisfacer sus necesidades.

Diario: Hacer un libro Muestra lo que encontraste. En tu libro, también:
- dibuja diferentes animales y lo que comen.
- inventa y resuelve problemas de suma sobre los animales y lo que comen.

Nombre _____

Repasa lo que sabes

🅰🅩 Vocabulario

1. Encierra en un círculo el problema que muestra un **doble**.

$$5 + 5 = 10$$

$$5 + 4 = 9$$

$$5 + 3 = 8$$

2. Encierra en un círculo la estrategia que se puede usar para sumar los números.

$$7 + 8 = ?$$

dobles

casi dobles

contar hacia atrás

3. Encierra en un círculo la **suma** o **total**.

$$7 + 4 = 11$$

Sumar y restar

4. Rosa tiene 3 estampillas. José le da 4 más. ¿Cuántas estampillas tiene Rosa ahora?

_____ estampillas

5. Estela tiene 8 galletas para su gato. Le da algunas galletas y le quedan 4 galletas. ¿Cuántas galletas le dio a su gato?

_____ galletas

Suma de dobles

6. Resuelve esta suma de dobles.

$$3 + 3 = \underline{\qquad}$$

106 ciento seis

Nombre _____

PROYECTO 3A

¿Puedes ver el geco?

Proyecto: Crea un modelo de un animal

PROYECTO 3B

¿Te gustaría vivir en un barco?

Proyecto: Haz un modelo de un barco

PROYECTO 3C

¿Cuál es tu juego preferido?

Proyecto: Haz un cartel sobre montañas rusas

Tema 3 | Escoge un proyecto　　　　　　　ciento siete **107**

MATEMÁTICAS EN 3 ACTOS: VISTAZO

Representación matemática
Es tu turno

Antes de ver el video, piensa:

¿Cuál fue el último juego que jugaste? ¿Qué tipo de juego era? Tanto los videojuegos como los juegos de mesa y de cartas tienen algo en común. Se necesita que alguien compruebe que sean divertidos y justos.

Puedo...
representar con modelos matemáticos para resolver un problema que incluye usar diferentes maneras de formar la misma suma.

Nombre _____

Resuélvelo y coméntalo

Ale tiene 5 cubos. Celina le da 7 cubos más. ¿Cuántos cubos tiene Ale ahora? Muestra tu razonamiento.

Lección 3-1
Contar hacia adelante para sumar

Puedo...
contar hacia adelante para sumar usando la recta numérica.

También puedo razonar sobre las matemáticas.

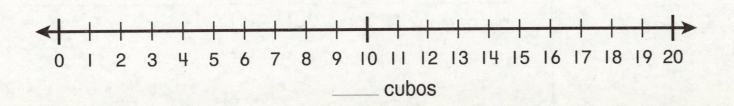

____ cubos

Tema 3 | Lección 1   En línea | SavvasRealize.com   ciento nueve 109

Puente de aprendizaje visual

Resuelve **7 + 8 = ?** usando una recta numérica.

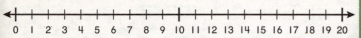

Esta recta numérica tiene números del 0 al 20.

Busca el 7 en la recta numérica. Luego, cuenta hacia adelante 8 más para sumar 7 + 8.

Empieza en el 7 y haz 8 saltos y terminarás en el 15.

7 + 8 = 15.

Si empiezas en el 8 y haces 7 saltos, vas a terminar en el mismo número.

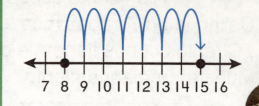

¡8 + 7 = 15 también!

¡Convénceme! ¿Cómo sabes en qué número empezar a contar? ¿Cómo sabes cuántos números hay que contar?

Práctica guiada Usa la recta numérica para contar hacia adelante. Escribe cada suma.

1. 9 + 7 = __16__

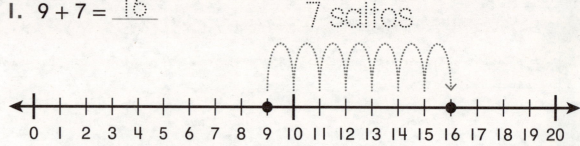

7 saltos

2. 9 + 9 = ____

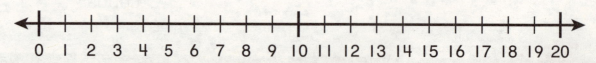

110 ciento diez | Tema 3 | Lección 1

Nombre _____

Práctica independiente Usa una recta numérica. Cuenta hacia adelante para hallar cada suma.

3. 7 + 4 = ___

4. 6 + 8 = ___

5. 9 + 4 = ___

6. 9 + 6 = ___

7. 7 + 7 = ___

8. 9 + 8 = ___

9. 6 + 4 = ___

10. 8 + 5 = ___

11. 3 + 9 = ___

Resuelve. Usa una recta numérica para contar hacia adelante.

12. enVision® STEM

Kim trabaja en el zoológico. A los tigres les da de comer 9 libras de carne. A las tortugas les da de comer 7 libras de hojas y frutas.

¿Cuántas libras de comida les da en total a los animales?

___ libras de comida

Tema 3 | Lección 1

ciento once 111

Resolución de problemas Usa una recta numérica para resolver los problemas.

13. **Razonar**
Sergio camina 6 cuadras.
Luego camina 3 cuadras más.
Escribe los números que te ayudarán a saber cuántas cuadras caminó en total.

Empieza en ___. Cuenta ___ más.
$6 + 3 =$ ___

14. **Razonar**
Ramona envía 3 cartas.
Luego envía 8 cartas más.
Escribe los números que te ayudarán a saber cuántas cartas envió Ramona en total.

Empieza en ___. Cuenta ___ más.
$3 + 8 =$ ___

15. **Razonamiento de orden superior**
Escribe y resuelve un problema-cuento de suma.

_____

_____

_____   ___ + ___ + ___

16. **Práctica para la evaluación**
Resuelve $5 + 9 = ?$ en la recta numérica. Muestra tu trabajo.

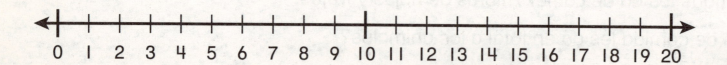

112 ciento doce   Tema 3 | Lección 1

Nombre _____

Resuélvelo y coméntalo

Felipe corrió 6 millas el jueves y 5 millas el viernes. ¿Cuántas millas corrió Felipe en total?
Usa la recta numérica para mostrar cómo lo sabes.

Lección 3-2

Contar hacia adelante para sumar con una recta numérica vacía

Puedo...

contar hacia adelante para sumar usando una recta numérica vacía.

También puedo representar con modelos matemáticos.

_____ millas

Tema 3 | Lección 2

En línea | SavvasRealize.com

ciento trece **113**

Puente de aprendizaje visual

Una **recta numérica vacía** puede ayudarte a sumar.

$7 + 6 = ?$

Empiezo por poner el 7 en la recta numérica.

Contar de 1 en 1 es una manera de sumar 6. Empieza en 7. Luego, cuenta hacia adelante 6 más.

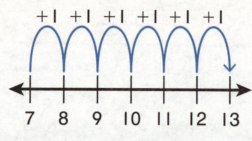

$7 + 6 = \underline{13}$

También puedes descomponer el 6. Sumar 3 y 3 es otra manera de sumar 6.

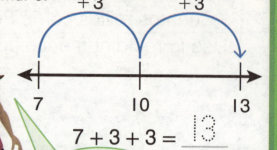

$7 + 3 + 3 = \underline{13}$

Obtengo el mismo resultado sin importar cómo lo sume.

¡Convénceme! ¿Qué número se incluye siempre en una recta numérica vacía al sumar?

Práctica guiada Usa la recta numérica vacía para resolver los problemas. Muestra tu trabajo.

1. $7 + 5 = \underline{12}$

2. $6 + 2 = \underline{}$

114 ciento catorce

Tema 3 | Lección 2

Nombre _____

Práctica independiente
Resuelve las siguientes sumas.
Usa la recta numérica vacía para mostrar tu trabajo.

3. $4 + 7 =$ _____

4. $8 + 8 =$ _____

5. $6 + 6 =$ _____

6. $9 + 7 =$ _____

7. **Vocabulario** Resuelve el problema.
Muestra tu trabajo en la **recta numérica vacía.**

$8 + 6 =$ _____

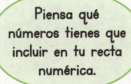
Piensa qué números tienes que incluir en tu recta numérica.

Tema 3 | Lección 2   ciento quince **115**

> **Resolución de problemas**
> Resuelve cada problema. Escoge una herramienta como ayuda. Escribe una ecuación para representarlos.

8. **Usar herramientas**
   Marco monta en bicicleta 7 millas.
   Luego monta 9 millas más.
   ¿Cuántas millas montó Marco en bicicleta en total?

   ___ ◯ ___ = ___

   ___ millas

9. **Usar herramientas**
   Ana lee 10 libros en enero y 10 libros en febrero.
   ¿Cuántos libros leyó Ana en total?

   ___ ◯ ___ = ___

   ___ libros

10. **Razonamiento de orden superior**
    Sara tiene 8 rosas.
    Corta algunas más. Ahora tiene 17.
    ¿Cuántas rosas cortó Sara?
    Usa palabras o dibujos para explicar cómo lo sabes.

11. **Práctica para la evaluación**
    Halla la suma.
    Muestra tu trabajo en la siguiente recta numérica vacía.

    $9 + 6 =$ ___

116 ciento dieciséis   Tema 3 | Lección 2

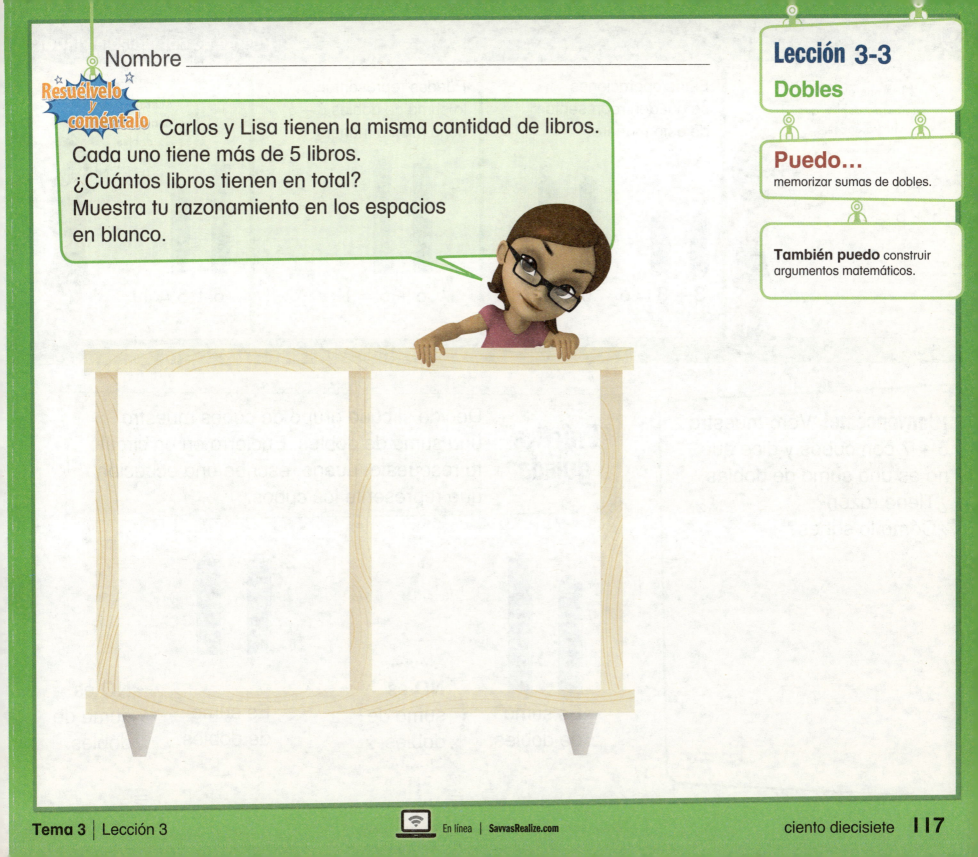

Puente de aprendizaje visual

"Miremos algunas sumas de dobles que tú ya sabes."

$3 + 3 = 6$
$5 + 5 = 10$

"Estas operaciones se pueden representar de esta manera."

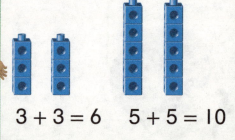

$3 + 3 = 6$ $5 + 5 = 10$

"Puedes representar la suma de dobles 6 + 6 de la misma manera."

$6 + 6 = 12$

"Esta no es una suma de dobles."

$6 + 5 = 11$

¡Convénceme! Vero muestra 6 + 7 con cubos y dice que no es una suma de dobles. ¿Tiene razón? ¿Cómo lo sabes?

Práctica guiada

Decide si cada grupo de cubos muestra una suma de dobles. Encierra en un círculo tu respuesta. Luego, escribe una ecuación que represente los cubos.

1.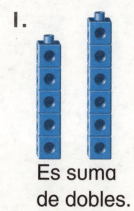

Es suma de dobles.   **NO** es suma de dobles.

$5 + 6 = 11$

2.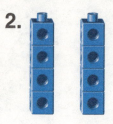

Es suma de dobles.   **NO** es suma de dobles.

___ + ___ = ___

118 ciento dieciocho

Tema 3 | Lección 3

Nombre _____

Práctica independiente — Decide si cada grupo de cubos muestra una suma de dobles. Encierra en un círculo tu respuesta. Luego, escribe una ecuación que represente los cubos.

3.

Es suma de dobles.   NO es suma de dobles.   ___ + ___ = ___

4.

Es suma de dobles.   NO es suma de dobles.   ___ + ___ = ___

5.

Es suma de dobles.   NO es suma de dobles.   ___ + ___ = ___

6.

Es suma de dobles.   NO es suma de dobles.   ___ + ___ = ___

 Completa cada suma de dobles.

7. $0 + 0 =$ ☐

8. ☐ $= 9 + 9$

9. $8 + 8 =$ ☐

10. $5 + 5 =$ ☐

Tema 3 | Lección 3 — ciento diecinueve 119

Resolución de problemas

Dibuja cubos para ayudarte a resolver cada cuento numérico. Luego, escribe una ecuación para representar el problema.

11. Entender

Andrés y su hermana cortaron cada uno 10 flores.
¿Cuántas flores cortaron en total?

_____ ◯ _____ = _____

_____ flores

12. Entender

Pilar y Jorge compran 5 libros cada uno.
¿Cuántos libros compraron en total?

_____ ◯ _____ = _____

_____ libros

13. Razonamiento de orden superior

Un equipo de *hockey* juega 2 partidos.
Anotan la misma cantidad de goles en cada partido.
El equipo anota 12 goles en total.
¿Cuántos goles marcó el equipo en cada partido?

_____ = _____ ◯ _____

_____ goles en cada partido

14. ☑ **Práctica para la evaluación**

¿Qué ecuaciones muestran una suma de dobles? Escoge dos que apliquen.

☐ $7 + 7 = 14$

☐ $8 + 6 = 14$

☐ $8 + 8 = 16$

☐ $9 + 7 = 16$

¡Usa cubos para ayudarte si lo necesitas!

Nombre _____

Lección 3-4

Dobles y más

Resuélvelo y coméntalo

Carlos y yo recogimos 5 fresas cada uno. ¿Qué suma de dobles muestra cuántas fresas tenemos en total?

Si recojo 1 fresa más, ¿cómo podrías hallar cuántas fresas hay en total?

Puedo...
usar sumas de dobles para ayudarme a resolver sumas de dobles y más.

También puedo razonar sobre las matemáticas.

Puente de aprendizaje visual

Puedes usar dobles para resolver **sumas de dobles y más**.

$$\begin{array}{r} 6 \\ +7 \\ \hline ? \end{array}$$

Las sumas de dobles y más también se llaman sumas de casi dobles.

Ya conoces 6 + 6.

$$\begin{array}{r} 6 \\ +6 \\ \hline 12 \end{array}$$

6 + 7 es 6 + 6 y 1 más.

$$\begin{array}{r} 6 \\ +6 \\ \hline 12 \end{array} \text{ y 1 más}$$

12 y 1 más es 13.

$$\begin{array}{r} 6 \\ +7 \\ \hline 13 \end{array}$$

¡Convénceme! ¿Cómo te ayuda saber 7 + 7 para hallar 7 + 8?

Práctica guiada

Suma los dobles. Luego, usa las sumas de dobles para ayudarte a resolver las sumas de dobles y más.

1.

   $\underline{5} + \underline{5} = \underline{10}$

   Por tanto, 5 + 7 = $\underline{12}$.

2.

   $\underline{} + \underline{} = \underline{}$

   Por tanto, 8 + 9 = $\underline{}$.

Nombre _____

Práctica independiente — Suma los dobles. Luego, usa las sumas de dobles para ayudarte a resolver las sumas de dobles y más.

3. 7   8
   +7   +7
   ☐   ☐

4. 4   4
   +4   +6
   ☐   ☐

5. 5   5
   +5   +6
   ☐   ☐

6. 9   9
   +9   +10
   ☐   ☐

7. 6   6
   +6   +7
   ☐   ☐

8. 7   9
   +7   +7
   ☐   ☐

Usa las sumas de dobles y más para ayudarte a escribir una ecuación para el problema. Luego, haz un dibujo para representar la ecuación.

9. **Razonamiento de orden superior**
Olga tiene algunas canicas azules.
Tom tiene algunas canicas rojas.
Tom tiene 2 canicas más que Olga.
¿Cuántas canicas tienen en total?

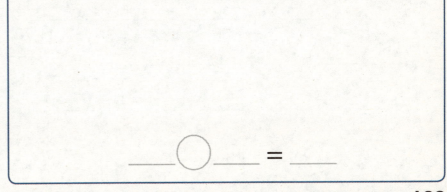

____ ◯ ____ = ____

Tema 3 | Lección 4   ciento veintitrés **123**

Resolución de problemas — Resuelve cada problema. Luego, escribe una ecuación para representar el problema.

10. **Razonar**

    Carla y Pedro recogieron 7 cerezas cada uno. Luego, Pedro recogió 1 más.
    ¿Cuántas cerezas tienen en total?

    ____ ◯ ____ = ____

    ____ cerezas

11. **Razonar**

    Mirna y Pam compraron 5 manzanas cada una. Luego, Pam compró 2 más.
    ¿Cuántas manzanas tienen en total?

    ____ ◯ ____ = ____

    ____ manzanas

12. **Razonamiento de orden superior**

    Laura tiene que resolver 9 + 8. Explica cómo puede usar 8 + 8 para hallar la suma.

    _____

    _____

    _____

13. **Práctica para la evaluación**

    Usa una suma de dobles para ayudarte a hallar el sumando que falta.

    8 + ____ = 17

    Ⓐ 8
    Ⓑ 9
    Ⓒ 7
    Ⓓ 1

    Puedes usar una suma de dobles y una suma de dobles y más para ayudarte a resolver el problema.

124 ciento veinticuatro · Tema 3 | Lección 4

Nombre _____

Lección 3-5

Formar 10 para sumar

Resuélvelo y coméntalo

Andy dice que puede hallar 9 + 5 comenzando con 9 + 1 = 10.

¿Qué piensas de la manera de Andy?

Muestra tu trabajo y explícalo.

Puedo...
formar 10 para sumar números hasta el 20.

También puedo representar con modelos matemáticos.

Puente de aprendizaje visual

Forma 10 para ayudarte a sumar.

$$\begin{array}{r}7\\+4\\\hline?\end{array}$$

Mueve 3 fichas del 4 al 7.

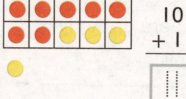

Ahora tengo 10 y 1.

10 + 1 es igual a 7 + 4.

$$\begin{array}{r}10\\+1\\\hline\boxed{11}\end{array}$$

$$\begin{array}{r}10\\+1\\\hline\boxed{11}\end{array}\text{ por tanto, }\begin{array}{r}7\\+4\\\hline 11\end{array}$$

¡Los totales son iguales!

¡Convénceme! ¿Cómo formas 10 para hallar la suma de 9 + 4?

Práctica guiada Dibuja fichas para formar 10. Luego, escribe las sumas.

1. $\begin{array}{r}7\\+6\\\hline?\end{array}$

$$\begin{array}{r}10\\+3\\\hline\boxed{13}\end{array}\text{ por tanto, }\begin{array}{r}7\\+6\\\hline\boxed{}\end{array}$$

2. $\begin{array}{r}8\\+6\\\hline?\end{array}$

$$\begin{array}{r}10\\+4\\\hline\boxed{}\end{array}\text{ por tanto, }\begin{array}{r}8\\+6\\\hline\boxed{}\end{array}$$

Nombre _____
Herramientas Evaluación

Práctica independiente Dibuja fichas para formar 10 y luego escribe las sumas.

3. 7
    + 8
    ———
    ?

    10   7
    + 5   por   + 8
    ——— tanto, ———
    □   □

4. 9
    + 6
    ———
    ?

    10   9
    + 5   por   + 6
    ——— tanto, ———
    □   □

5. 7
    + 7
    ———
    ?

    10   7
    + 4   por   + 7
    ——— tanto, ———
    □   □

 Dibuja fichas para formar 10. Usa 2 colores diferentes. Luego, escribe las sumas.

6. 6
    + 5
    ———
    ?

    10   6
    + 1   por   + 5
    ——— tanto, ———
    □   □

7. 4
    + 8
    ———
    ?

    10   4
    + 2   por   + 8
    ——— tanto, ———
    □   □

8. 9
    + 5
    ———
    ?

    10   9
    + 4   por   + 5
    ——— tanto, ———
    □   □

Tema 3 | Lección 5   ciento veintisiete **127**

Resolución de problemas — Dibuja fichas para ayudarte a resolver cada problema. Usa 2 colores.

9. **Representar**
   Carlos ve 7 pájaros amarillos en un árbol.
   Luego, ve 6 pájaros blancos.
   ¿Cuántos pájaros vio Carlos en total?

   _____ pájaros

10. **Representar**
    Emily cortó 8 flores rojas.
    Luego, cortó 8 flores amarillas.
    ¿Cuántas flores cortó Emily en total?

    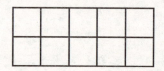

    _____ flores

11. **Razonamiento de orden superior**
    Mira el modelo.
    Completa la ecuación para representar lo que muestra el modelo.

    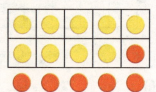

    10 + _____ = _____

    Por tanto, _____ + _____ = _____.

12. **Práctica para la evaluación**
    ¿Qué número va en el ▢?

    10 + 1 = 11

    Por tanto, 6 + ▢ = 11.

    | 16 | 11 | 6 | 5 |
    | Ⓐ | Ⓑ | Ⓒ | Ⓓ |

Nombre _____

Lección 3-6
Más sobre formar 10 para sumar

Resuélvelo y coméntalo

¿De qué manera puedes formar 10 para resolver 8 + 5? Muestra tu trabajo y explícalo.

Puedo... formar 10 para sumar números hasta el 20.

También puedo construir argumentos matemáticos.

Puente de aprendizaje visual

Forma 10 para ayudarte a sumar. Halla la suma.

$9 + 7 = ?$

El 9 está muy cerca de 10. ¿Cómo puede ayudarme esto a hallar $9 + 7$?

Puedes usar una recta numérica para ayudarte a formar 10.

Puedes pensar $9 + 7$ como $9 + 1 + 6$, porque $7 = 1 + 6$.

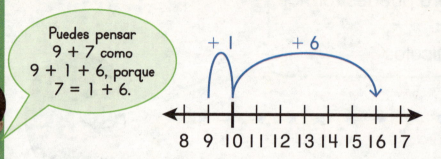

Piensa Piensa
  9   10
+ 1   + 6
───   ───
 10   16

Por tanto, $9 + 7 = 16$.

¡Convénceme! ¿De qué manera puedes formar 10 para hallar la suma de $7 + 6$?

Práctica guiada

Forma 10 para hallar la suma. Usa la recta numérica para ayudarte.

1.
```
   8      Piensa    Piensa   Por tanto
  +6        8        10        8
  ───     + 2      + 4       + 6
   ?      ───      ───       ───
           10       14        □
```

130 ciento treinta

Nombre _____

Herramientas Evaluación

Práctica independiente Forma 10 para hallar cada suma. Usa la recta numérica para ayudarte.

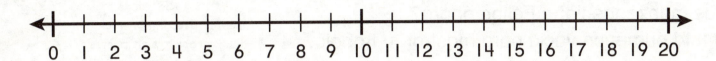

2.
```
    7         Piensa      Piensa     Por tanto,
   +8          7           10         7
   ---        +☐          +☐         +8
    ?         ---         ---        ---
              10          ☐          ☐
```

3.
```
    4         Piensa      Piensa     Por tanto,
   +9          4           10         4
   ---        +☐          +☐         +9
    ?         ---         ---        ---
              10          ☐          ☐
```

4.
```
    8         Piensa     Por tanto,
   +4          10         8
   ---        +☐         +4
    ?         ---        ---
              ☐          ☐
```

5.
```
    9         Piensa     Por tanto,
   +7          10         9
   ---        +☐         +7
    ?         ---        ---
              ☐          ☐
```

6.
```
    6         Piensa     Por tanto,
   +7          10         6
   ---        +☐         +7
    ?         ---        ---
              ☐          ☐
```

7. **Sentido numérico** Nico suma 8 + 5. Primero, suma 8 + 2 para formar 10. ¿Qué debe hacer después?

_____

_____

Tema 3 | Lección 6   ciento treinta y uno **131**

Resolución de problemas Forma 10 para ayudarte a resolver cada cuento numérico.

8. **Buscar patrones**

Felipe tiene 8 manzanas. Samuel le da 4 más.
¿Cuántas manzanas tiene Felipe ahora?
Usa la recta numérica vacía para mostrar tu trabajo.

¿Se puede descomponer el problema en partes más simples?

Felipe tiene _____ manzanas.

9. **Razonamiento de orden superior**

Pati formó 10 para resolver 7 + 5 cambiando el problema a 7 + 3 + 2. ¿Cómo formó 10 Pati?

10. **Práctica para la evaluación**

¿Qué suma muestra cómo formar 10 para resolver 9 + 6?

Ⓐ 9 + 4 + 2

Ⓑ 9 + 3 + 3

Ⓒ 9 + 1 + 5

Ⓓ 9 + 0 + 6

132 ciento treinta y dos • Tema 3 | Lección 6

Nombre _____

Resuélvelo y coméntalo

$8 + 6 = ?$

Escoge una estrategia para resolver el problema.
Usa palabras, objetos o dibujos para explicar tu trabajo.

Dobles   Casi dobles   Formar 10

____ + ____ = ____

Lección 3-7

Explicar estrategias de suma

Puedo...
resolver problemas de suma usando diferentes estrategias.

También puedo construir argumentos matemáticos.

Tema 3 | Lección 7

En línea | SavvasRealize.com

ciento treinta y tres **133**

Puente de aprendizaje visual

Puedes usar diferentes maneras para recordar una operación de suma.

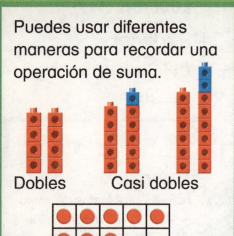

Dobles   Casi dobres

Formar 10

$4 + 4$ Dobles

Cuando los dos sumandos son iguales, es una suma de dobles.

$6 + 7$ Casi dobles

Cuando uno de los sumandos es 1 más que el otro, es una suma de casi dobles.

$8 + 5$ $10 + 3$

Formar 10

Cuando uno de los sumandos está cerca de 10, puedes formar 10.

¡Convénceme! ¿Qué estrategia podrías usar para resolver $7 + 8$? ¿Por qué es una buena estrategia?

Práctica guiada

Halla cada suma. Escoge una estrategia para usar.

1. $\begin{array}{r} 6 \\ +6 \\ \hline 12 \end{array}$

2. $\begin{array}{r} 9 \\ +7 \\ \hline \end{array}$

3. $\begin{array}{r} 6 \\ +7 \\ \hline \end{array}$

4. $\begin{array}{r} 8 \\ +9 \\ \hline \end{array}$

Nombre _____

Práctica independiente
Halla cada suma o total.

5. 6
   +8
   ▢

6. 4
   +9
   ▢

7. 7
   +6
   ▢

8. 9
   +8
   ▢

9. 8
   +5
   ▢

10. 7
   +4
   ▢

Halla el número que falta. Explica la estrategia que usaste.

11. **Álgebra**

Silvia tiene 9 canicas verdes y algunas canicas rojas.
Tiene 11 canicas en total.

9 + ____ = 11

Silvia tiene ____ canicas rojas.

Tema 3 | Lección 7   ciento treinta y cinco **135**

Resolución de problemas
Resuelve cada problema.

12. Entender
Alberto tiene 8 camisas en el armario.
Pone otras camisas en el tocador.
Ahora tiene 16 camisas en total.
¿Cuántas camisas puso en el tocador?

_____ camisas en el tocador

13. Razonamiento de orden superior
Manuel y Tobi tienen 13 lápices en total.
¿Cuántos lápices podría tener cada uno?

13 = _____ ◯ _____

Haz un dibujo para ayudarte a resolver el problema.

14. ✓ Práctica para la evaluación ¿Qué estrategias te pueden ayudar a hallar 7 + 8? Selecciona tres que apliquen.

Dobles ☐ Casi dobles ☐ Formar 10 ☐ A mi manera ☐

Nombre _____

Lección 3-8

Resuélvelo y coméntalo Caleb tiene 4 calcomanías más que Susi. Susi tiene 5 calcomanías. ¿Cuántas calcomanías tiene Caleb?

Usa objetos, dibujos o una ecuación para mostrar tu razonamiento.

Resolver problemas verbales de suma con operaciones hasta el 20

Puedo...
resolver diferentes tipos de problemas de suma.

También puedo entender problemas.

Caleb tiene ____ calcomanías.

Tema 3 | Lección 8

¡Convénceme! ¿Podrías saber cuántos libros leyó Sergio usando imágenes o dibujos? Explícalo.

Práctica guiada Resuelve cada problema. Usa fichas o haz un dibujo. Luego escribe una ecuación.

1. Tim escribe 9 cuentos. Escribe 3 cuentos menos que Daniela. ¿Cuántos cuentos escribe Daniela?

    ___ 9 + 3 = ___

2. Charo lee 6 revistas de historietas. Pablo lee 5 más que Charo. ¿Cuántas revistas de historietas leyó Pablo?

    ___ ○ ___ = ___

138 ciento treinta y ocho Tema 3 | Lección 8

Nombre _____

Práctica independiente — Resuelve los problemas con objetos, dibujos o una ecuación. Muestra tu trabajo.

3. Tere compró 10 botones el lunes.
   Compró más botones el martes.
   Ahora tiene 19 botones.
   ¿Cuántos botones compró Tere el martes?

   _____ botones

4. Mónica tiene 9 monedas.
   Mónica tiene 6 monedas menos que Óscar.
   ¿Cuántas monedas tiene Óscar?

   _____ monedas

5. Hay 14 latas sobre la mesa.
   5 latas son grandes y el resto son pequeñas.
   ¿Cuántas latas pequeñas hay sobre la mesa?

   _____ latas pequeñas

Tema 3 | Lección 8   ciento treinta y nueve **139**

Resolución de problemas Resuelve los siguientes problemas.

6. Representar

Luis recortó 12 flores.
¿Cuántas flores puede colorear de rojo y cuántas de amarillo?

Haz un dibujo y escribe una ecuación para representar y resolver el problema.

_____ flores rojas _____ flores amarillas

_____ = _____ ◯ _____

7. Razonamiento de orden superior

Natalia anotó 8 goles esta temporada.
Anotó 9 goles menos que Julián.
¿Cuántos goles anotó Julián?

Vuelve a escribir este problema usando la palabra *más*.

Natalia anotó 8 goles esta temporada.
Julián anotó _____

_____

8. ☑ Práctica para la evaluación

Dan tomó 6 vasos más de agua que Bety.
Bety tomó 5 vasos de agua.

¿Cuántos vasos de agua tomó Dan?

Ⓐ $6 - 5 = 1$ vaso de agua

Ⓑ $6 + 5 = 11$ vasos de agua

Ⓒ $11 + 6 = 17$ vasos de agua

Ⓓ $11 - 6 = 5$ vasos de agua

140 ciento cuarenta

Nombre _____

Resuélvelo y coméntalo Una tienda de mascotas tiene 9 ranas. 5 ranas son verdes y el resto son cafés. Lidia suma 5 + 9 y dice que la tienda tiene 14 ranas cafés.
Encierra en un círculo si **estás de acuerdo** o **no estás de acuerdo** con el razonamiento de Lidia. Usa dibujos, palabras o ecuaciones para explicarlo.

Resolución de problemas

Lección 3-9
Evaluar el razonamiento

Puedo...
evaluar el razonamiento de otros usando dibujos, palabras o ecuaciones.

También puedo sumar y restar correctamente.

Estoy de acuerdo.   No estoy de acuerdo.

Hábitos de razonamiento

¿Puedo mejorar el razonamiento de Lidia?

¿Hay errores en el razonamiento de Lidia?

Tema 3 | Lección 9   En línea | SavvasRealize.com   ciento cuarenta y uno   141

Puente de aprendizaje visual

5 perros están jugando. Llegan otros perros a jugar. Ahora 8 perros están jugando.

María dice que llegaron 13 perros más, porque $5 + 8 = 13$.

José dice que llegaron 3 perros más, porque $5 + 3 = 8$.

¿Cómo puedo decidir si estoy de acuerdo con María o con José?

Puedo hacerles preguntas, ver si hay errores o tratar de entender su razonamiento.

5 perros algunos perros más

8 perros

Haré un dibujo.

$5 + 3 = 8$ perros

María usó la suma como sumando.

Estoy de acuerdo con el razonamiento de José.

¡Convénceme! ¿Qué pregunta le harías a José para entender su razonamiento?

Práctica guiada

Encierra en un círculo tu respuesta. Usa dibujos, palabras o ecuaciones para explicar.

1. 9 gatos están jugando con la pelota. Algunos gatos se van a comer. Ahora hay 4 gatos jugando con la pelota.

   Sam dice que 13 gatos se fueron a comer porque $9 + 4 = 13$. ¿**Estás de acuerdo** o **no estás de acuerdo** con Sam?

   Estoy de acuerdo.   **No estoy de acuerdo.**

Nombre _____

Práctica independiente

Encierra en un círculo tu respuesta.
Usa dibujos, palabras o ecuaciones para explicarla.

2. Hay 14 uvas en un tazón.
9 son verdes y el resto son moradas.
¿Cuántas son moradas?

Esteban dice que 6 uvas son moradas
porque $9 + 6 = 14$.
¿Estás de acuerdo o **no estás de acuerdo** con Esteban?

Estoy de acuerdo.   **No estoy de acuerdo.**

3. Hay 11 naranjas en una bolsa.
Se cayeron 8 naranjas de la bolsa.
¿Cuántas naranjas quedan en la bolsa?

María dice que quedan 3 naranjas porque
$11 - 8 = 3$.
¿Estás de acuerdo o **no estás de acuerdo** con María?

Estoy de acuerdo.   **No estoy de acuerdo.**

Tema 3 | Lección 9

ciento cuarenta y tres 143

Resolución de problemas

Tarea de rendimiento

Floreros Lola tiene 15 rosas. Quiere poner algunas en un florero rojo y otras en un florero azul.

Ayuda a Lola a resolver el problema. Contesta las siguientes preguntas sobre su razonamiento.

Usa dibujos, palabras o ecuaciones para explicarlo.

4. **Explicar** Lola dice que puede poner la misma cantidad de rosas en cada florero.
Dice que puede escribir una suma de dobles para representar las flores del florero azul y el rojo.
¿Estás de acuerdo? Explícalo.

5. **Representar** ¿Cómo podría Lola usar palabras o dibujos para mostrar el problema?

144 ciento cuarenta y cuatro · Tema 3 | Lección 9

Nombre _____

TEMA 3 — **Actividad de práctica de fluidez**

Trabaja con un compañero. Necesitan papel y lápiz. Cada uno escoge un color diferente: celeste o azul.

El Compañero 1 y el Compañero 2 señalan uno de sus números negros al mismo tiempo y suman los números.

Si la respuesta está en el color que escogiste, puedes anotar una marca de conteo.

Sigan la actividad hasta que uno de los compañeros tenga doce marcas de conteo.

Puedo... sumar y restar hasta el 10.

También puedo construir argumentos matemáticos.

Tema 3 | Actividad de práctica de fluidez — ciento cuarenta y cinco **145**

TEMA 3 — Repaso del vocabulario

Lista de palabras
- formar 10
- recta numérica vacía
- suma de dobles y más
- todo

Comprender el vocabulario

1. Encierra en un círculo **Verdadero** o **Falso**.

   10 + 5 = 15 es una suma de dobles y más.

   Verdadero   Falso

2. Encierra en un círculo **Verdadero** o **Falso**.

   En esta ecuación 8 es el todo.

   10 + 8 = 18

   Verdadero   Falso

3. Muestra cómo formar 10 para sumar 8 + 6.

4. Escribe una suma de dobles y más.

5. Muestra 15 en la recta numérica vacía.

Usar el vocabulario al escribir

6. ¿Qué estrategia puedes usar para ayudarte a resolver 7 + 8 = ? Usa al menos un término de la Lista de palabras.

146 ciento cuarenta y seis

Nombre _____

Grupo A

Puedes usar una recta numérica para sumar. Comienza a contar en un sumando. Cuenta hacia adelante el número del otro sumando.

10 + 8 = ?

10 + 8 = 18

Refuerzo

Usa una recta numérica. Cuenta hacia adelante para hallar la suma.

1. 7 + 6 = _____

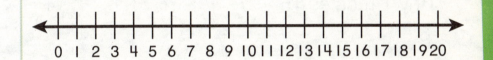

Grupo B

Usa una recta numérica vacía para resolver el problema. 7 + 5 = _____

Empieza por el primer sumando.

Puedes contar de 1 en 1 para sumar 5 más.

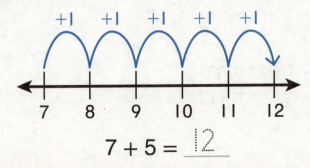

7 + 5 = 12

Usa una recta numérica vacía para resolver el problema. Muestra tu trabajo.

2. 4 + 9 = _____

Tema 3 | Refuerzo   ciento cuarenta y siete **147**

Grupo C

Una suma de dobles y más es una suma de dobles y 1 o 2 más.

$$8 + 7 = ?$$
$$8 + 7 = \boxed{15}$$

$7 + 7 = 14.$
14 y 1 más es 15.

Suma los dobles. Luego, usa la suma de dobles para ayudarte a resolver las sumas de dobles y más.

3. $5 + 5 = \boxed{}$ $6 + 5 = \boxed{}$

4. $8 + 8 = \boxed{}$ $8 + 9 = \boxed{}$

5. $6 + 6 = \boxed{}$ $8 + 6 = \boxed{}$

6. $5 + 5 = \boxed{}$ $7 + 5 = \boxed{}$

Grupo D

Puedes formar 10 para sumar.

$$8 + 6 = ?$$

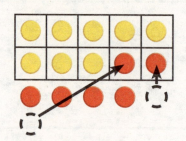

$10 + 4 = \boxed{14}$ por tanto, $8 + 6 = \boxed{14}$

Forma 10 para sumar. Dibuja fichas en el marco de 10 para ayudarte.

7. $7 + 8 = ?$

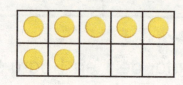

$10 + 5 = \boxed{}$ por tanto, $7 + 8 = \boxed{}$

148 ciento cuarenta y ocho

Nombre _____

TEMA 3

Refuerzo (continuación)

Grupo E

Puedes escoger diferentes maneras de sumar.

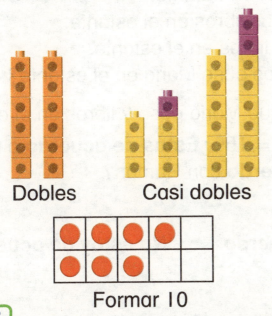

Dobles   Casi dobles

Formar 10

Halla cada suma. Encierra en un círculo la estrategia que usaste.

8. 8
   +4
   ___
   [ ]

   Dobles   Formar 10
   Casi dobles   A mi manera

9. 7
   +8
   ___
   [ ]

   Dobles   Formar 10
   Casi dobles   A mi manera

Grupo F

Puedes escribir una ecuación para ayudarte a resolver problemas de suma.
Saúl jugó 8 partidos de fútbol.
Randy jugó 3 partidos más que Saúl.
¿En cuántos partidos jugó Randy?

8 ⊕ 3 = 11

Randy jugó en 11 partidos de fútbol.

Escribe una ecuación para resolver el problema.

10. Lesli tiene 8 lápices.
    Tiene 9 lápices menos que Melisa.
    ¿Cuántos lápices tiene Melisa?

    ___ ○ ___ = ___

    Melisa tiene ___ lápices.

Tema 3 | Refuerzo   ciento cuarenta y nueve **149**

Grupo G

Hábitos de razonamiento

Evaluar el razonamiento

¿Qué preguntas puedo hacer para entender el razonamiento de otros?

¿Hay errores en el razonamiento de otros?

¿Puedo mejorar el razonamiento de otros?

Encierra en un círculo tu respuesta.
Usa dibujos, palabras o ecuaciones para explicarla.

11. Hay 6 libros en un estante.
    María puso más libros en el estante.
    Ahora hay 15 libros en el estante.
    ¿Cuántos libros puso María en el estante?

    Ramón dice que María puso 9 libros en el estante porque $6 + 9 = 15$. ¿**Estás de acuerdo** o **no estás de acuerdo** con Ramón?

    Estoy de acuerdo.   **No estoy de acuerdo.**

Nombre _____

TEMA 3

☑ Práctica para la evaluación

1. Fer tiene 7 aviones de papel. Hace 9 más. ¿Cuántos aviones de papel hizo Fer en total?

Ⓐ 18

Ⓑ 17

Ⓒ 16

Ⓓ 15

2. Marta tiene 7 canicas rojas y 8 canicas azules. ¿Cuál de las opciones muestra dos maneras de hallar cuántas canicas tiene Marta en total?

Ⓐ $7 + 8 = 14$ y $8 + 7 = 14$

Ⓑ $7 + 8 = 15$ y $8 + 7 = 15$

Ⓒ $7 + 7 = 14$ y $8 + 8 = 14$

Ⓓ $7 + 7 = 16$ y $8 + 8 = 16$

3. Usa la recta numérica vacía. Muestra cómo contar hacia adelante para hallar $7 + 9$. Luego, escribe la suma.

$7 + 9 =$ _____

Tema 3 | Práctica para la evaluación

ciento cincuenta y uno 151

4. ¿Cuáles de las siguientes son sumas de dobles? Escoge dos que apliquen.

☐ 4 + 5 = 9

☐ 10 + 5 = 15

☐ 7 + 7 = 14

☐ 10 + 10 = 20

☐ 3 + 7 = 10

5. Hay 8 pájaros en un árbol.
9 pájaros más se les unen.
¿Cuántos pájaros hay en el árbol ahora?
Escribe una ecuación para resolver el problema.

____ ◯ ____ = ____ pájaros

6. Gloria tiene 7 lápices amarillos y 9 lápices rojos.
¿Cuántos lápices tiene Gloria en total? Explícalo.

Ⓐ 15 lápices; el doble de 7 es 14, y 1 más es 15.

Ⓑ 19 lápices; el doble de 9 es 18, y 1 más es 19.

Ⓒ 16 lápices; 7 + 3 = 10, y 6 más es 16.

Ⓓ 17 lápices; 7 + 2 = 10, y 7 más es 17.

¡Piensa en las estrategias que ya has aprendido!

152 ciento cincuenta y dos

Nombre _____

Práctica para la evaluación (continuación)

7. Nina hornea 8 panes de maíz el martes y 8 el miércoles. ¿Cuántos panes de maíz hornea Nina en total?

   ¿Cuál de estas rectas numéricas muestra el problema?

   Ⓐ 14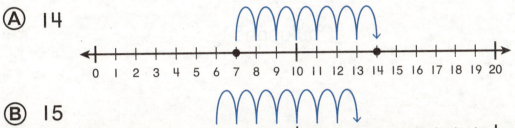

   Ⓑ 15

   Ⓒ 16

   Ⓓ 17

8. Sandy hace 9 pulseras.
   Luego, hace otras 5 pulseras.
   ¿Cuántas pulseras tiene Sandy ahora?

   Usa palabras o dibujos para explicar.

Tema 3 | Práctica para la evaluación
ciento cincuenta y tres 153

9. Halla 8 + 5. Forma 10 para sumar.

Ⓐ 11
Ⓑ 13
Ⓒ 15
Ⓓ 17

10. Miriam tiene 8 bufandas más que Lucy.
Lucy tiene 8 bufandas.
¿Cuántas bufandas tiene Miriam?
Escribe una ecuación para resolver el problema.

_____ + _____ = _____ bufandas

_____ bufandas

11. Había 19 limones sobre la mesa.
10 se cayeron al piso.
Nico dice que quedaron 9 limones sobre la mesa.

¿**Estás de acuerdo** o **no estás de acuerdo**
con el razonamiento de Nico?
Usa dibujos, palabras o ecuaciones para explicarlo.

Estoy de acuerdo.   **No estoy de acuerdo.**

Nombre _____

TEMA 3

Récord de lectura de Rogelio

¡A Rogelio le encanta leer!
La tabla muestra cuántos libros ha leído
en 6 meses.

Lectura de Rogelio	
Mes	**Libros**
Enero	9
Febrero	7
Marzo	6
Abril	8
Mayo	5
Junio	8

Tarea de rendimiento

1. ¿Cuántos libros leyó Rogelio en
   total en abril y junio?
   Escribe una ecuación para resolver el
   problema.

   _____ + _____ = _____

   _____ libros

2. En julio Rogelio leyó 4 libros más
   que en enero.
   ¿Cuántos libros leyó en julio?
   Haz un dibujo para resolver el problema.
   Escribe una ecuación para representarlo.

   _____ + _____ = _____

   Leyó _____ libros en julio.

3. En febrero, Tere y Rogelio leyeron
15 libros en total.
¿Cuántos libros leyó Tere en febrero?
Explica la estrategia que usaste para
resolver el problema.

_____

_____

_____

_____

_____ libros

4. Sara leyó 8 libros en marzo.
Dice que leyó 2 libros menos
de los que leyó Rogelio en marzo.

¿**Estás de acuerdo** o **no estás de acuerdo**
con Sara?
Encierra en un círculo tu respuesta.
Usa dibujos, palabras o ecuaciones
para explicarla.

Estoy de acuerdo.   **No estoy de acuerdo.**

156 ciento cincuenta y seis

Copyright © Savvas Learning Company LLC. All Rights Reserved.

Tema 3 | Tarea de rendimiento

TEMA 4: Operaciones de resta hasta el 20: Usar estrategias

Pregunta esencial: ¿Qué estrategias puedes usar para restar?

Recursos digitales

Libro del estudiante | Aprendizaje visual | Práctica

Evaluación | Herramientas | Glosario

Durante el día, el sol parece moverse a través del cielo.

En la noche, el sol se va y aparecen la luna y las estrellas.

¿Por qué parece que se mueven los objetos en el cielo? ¡Hagamos este proyecto para aprender más!

Proyecto de enVision STEM: Patrón del día y la noche

Investigar Habla con tu familia o tus amigos sobre el cambio del día a la noche en la Tierra.
¿Qué cambios hay durante el día y la noche cuando gira la Tierra?

Diario: Hacer un libro Dibuja el cielo de día y el cielo de noche. En tu libro, también:
- dibuja objetos que aparecen en el cielo de día y de noche.
- escribe problemas de resta sobre los objetos que hay en el cielo.

Nombre _____

Repasa lo que sabes

Vocabulario

1. Encierra en un círculo el número que es 4 **menos** que 8.

   10

   6

   4

   0

2. Encierra en un círculo la **suma de dobles**.

   $3 + 7 = 10$

   $8 + 0 = 8$

   $3 + 4 = 7$

   $6 + 6 = 12$

3. Encierra en un círculo la **suma de dobles y más**.

   $4 + 5 = 9$

   $3 + 6 = 9$

   $2 + 5 = 7$

   $4 + 4 = 8$

Cuentos sobre resta

4. Marisa tiene 6 peces dorados. Le da 3 a Nora.

   ¿Cuántos peces dorados tiene Marisa ahora?

   Escribe una ecuación para mostrar la diferencia.

   ____ − ____ = ____

5. Carmen tiene 7 estampillas. Le da 2 a Jaime.

   ¿Cuántas estampillas tiene Carmen ahora?
   Escribe una ecuación para mostrar la diferencia.

   ____ − ____ = ____

Las partes y el todo

6. Escribe las partes y el todo de $9 - 1 = 8$.

   Todo: ____

   Parte: ____

   Parte: ____

158 ciento cincuenta y ocho

Copyright © Savvas Learning Company LLC. All Rights Reserved.

Tema 4

Nombre _____

Escoge un proyecto

PROYECTO 4A

¿Qué sabor de pizza te haría reír?

Proyecto: Escribe un poema divertido sobre la pizza

PROYECTO 4B

¿Conoces las verduras?

Proyecto: Juega a la resta de verduras

Tema 4 | Escoge un proyecto

ciento cincuenta y nueve 159

PROYECTO 4C

¿Cómo puedes jugar al béisbol sin una pelota?

Proyecto: ¡Juega al béisbol!

PROYECTO 4D

¿Cuánto cuestan algunos objetos de la clase?

Proyecto: Compra objetos para la clase

Nombre _____

Resuélvelo y coméntalo Marco tiene 13 borradores.
Le da 5 a Troy.
¿Cuántos borradores tiene Marco ahora?
Muestra tu razonamiento en el espacio que sigue.

Lección 4-1
Contar para restar

Puedo... restar usando una recta numérica.

También puedo razonar sobre las matemáticas.

Marco tiene _____ borradores ahora.

Tema 4 | Lección 1 En línea | SavvasRealize.com ciento sesenta y uno **161**

Puente de aprendizaje visual

Puedes contar hacia atrás o contar hacia adelante para restar.

Vamos a intentarlo con 11 − 5.

Puedes contar hacia atrás en la recta numérica para restar 11 − 5.

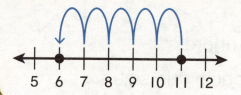

Empiezo en el 11 y cuento 5 hacia atrás.
11 − 5 = 6

También puedes contar hacia adelante en una recta numérica para restar 11 − 5.

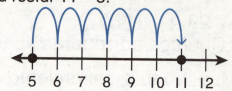

Empiezo en el 5 y cuento 6 hacia adelante hasta llegar al 11.
5 + 6 = 11; por tanto, 11 − 5 = 6.

¡Convénceme! ¿Cómo puedes usar una recta numérica para resolver 9 − 5?

Práctica guiada

Halla la diferencia. Usa la recta numérica.

1. 11 − 3 = __8__

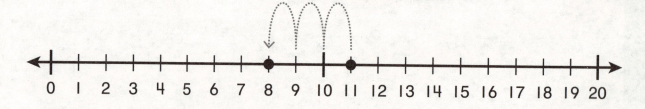

2. ____ = 15 − 6

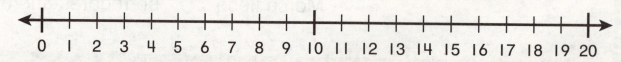

162 ciento sesenta y dos

Tema 4 | Lección 1

Nombre _____

Práctica independiente — Halla las diferencias. Usa la recta numérica.

3. 11 − 6 = _____

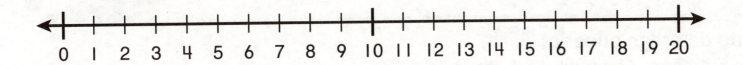

4. _____ = 7 − 7

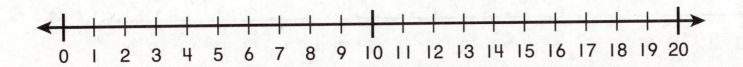

5. 15 − _____ = 7

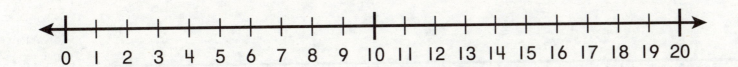

Resolución de problemas   Resuelve los problemas.

Puedes trazar una recta numérica.

6. Usar herramientas

Ayuda a David a hallar 16 − 7 en una recta numérica. Completa los espacios en blanco.

Empieza en ____. Cuenta ____ hacia atrás.   16 − 7 = ____

7. Razonamiento de orden superior

Juanita dibujó 14 ranas. Adam dibujó 6 ranas. ¿Cuántas ranas más que Adam dibujó Juanita? Escribe una ecuación.

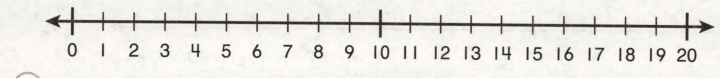

____ ◯ ____ = ____   ____ ranas más

8. Práctica para la evaluación

Usa la recta numérica para hallar 15 − 9. Muestra tu trabajo.

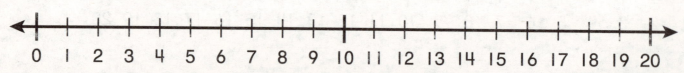

15 − 9 = ____

164   ciento sesenta y cuatro

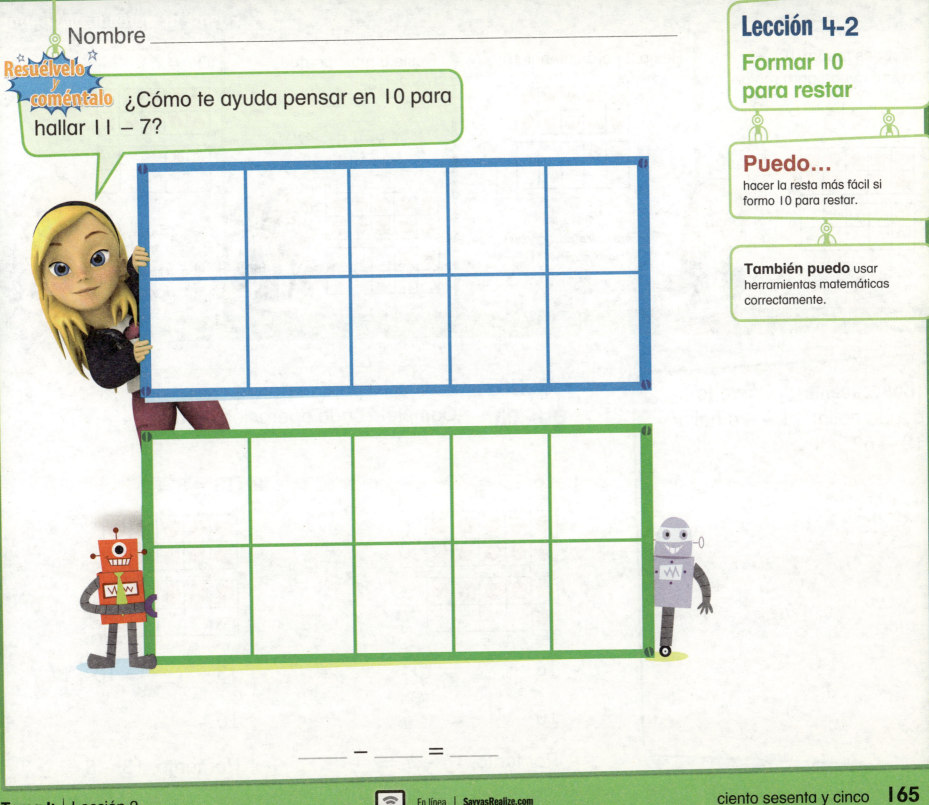

Puente de aprendizaje visual

Puedes formar 10 como ayuda para restar.

12 − 5 = ?

Empiezo con 12.

Resta 2 para obtener 10.

Resto las unidades adicionales para obtener 10.

Resta 3 más, porque 5 = 2 + 3.

Resté 5 en total.

Quedan 7.

12 − 5 = 7 ¡La respuesta es 7!

¡Convénceme! ¿Cómo te ayuda hallar 14 − 4 a hallar 14 − 6?

Práctica guiada
Forma 10 para restar. Completa cada operación de resta.

1. 16 − 7 = ?

16 − __6__ = 10

10 − __1__ = __9__

Por tanto, 16 − 7 = __9__.

2. 13 − 8 = ?

13 − ___ = 10

10 − ___ = ___

Por tanto, 13 − 8 = ___.

Nombre _____

Práctica independiente — Forma 10 para restar. Completa cada operación de resta.

3.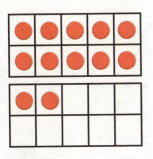

   12 − 4 = _____

4.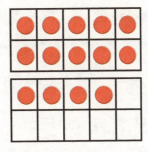

   14 − 6 = _____

5.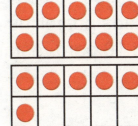

   16 − 9 = _____

6.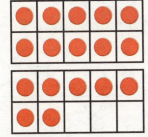

   17 − 8 = _____

7.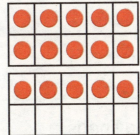

   15 − 7 = _____

8.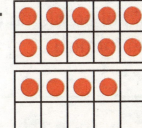

   14 − 9 = _____

 Muestra tu trabajo. Dibuja fichas en los marcos de 10.

9. **Sentido numérico**
   Muestra cómo puedes formar 10 para hallar 13 − 6.
   13 − 6 = _____

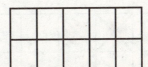

Tema 4 | Lección 2   ciento sesenta y siete **167**

Resolución de problemas   Resuelve los problemas.

10. Usar herramientas

Aldo hornea 12 pastelitos.
Sus amigos se comen 6.
¿Cuántos pastelitos quedan?
Forma 10 para restar.

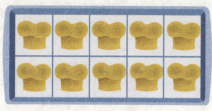

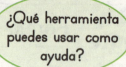 ¿Qué herramienta puedes usar como ayuda?

12 – _____ = 10

10 – _____ = _____ pastelitos

11. Razonamiento de orden superior

Sam forma 10 para resolver 12 – 5.
Cambia el problema a 12 – 2 – 3.
¿Cómo forma 10?

12. ☑ Práctica para la evaluación   Dibuja líneas.
Une cada par de marcos de 10 con el par de ecuaciones
que muestran cómo restar formando 10.

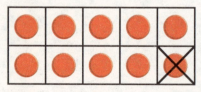 

18 – 8 = 10, 10 – 1 = 9

18 – 8 = 10, 10 – 2 = 8

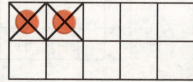

12 – 2 = 10, 10 – 2 = 8

12 – 3 = 9, 9 – 1 = 8

168   ciento sesenta y ocho

Nombre _____

Resuélvelo y coméntalo Emily contó hacia adelante para hallar 13 – 6.
Formó 10 mientras contaba.
Usa los marcos de 10 para explicar lo que hizo Emily.

Lección 4-3

Más sobre formar 10 para restar

Puedo...
contar hacia adelante para restar usando el 10 como referencia.

También puedo entender problemas.

$13 - 6 =$ _____

Tema 4 | Lección 3

En línea | SavvasRealize.com

ciento sesenta y nueve **169**

Puente de aprendizaje visual

Contar hacia adelante para formar 10 te puede ayudar a restar.

14 − 6 = ___?___

Empiezo con 6.

Suma 4 para formar 10.

6 + __4__ = 10

Sumo 4 a 6 para formar 10.

Suma 4 más para formar 14.

10 + __4__ = 14

¿Cuántos contaste hacia adelante?

6 + __4__ + __4__ = 14

6 + __8__ = 14

Sumé 8 a 6 para formar 14. Por tanto, 14 − 6 = 8.

¡Convénceme! ¿Cómo te puede ayudar contar hacia adelante para formar 10 para hallar 15 − 8?

☆ Práctica guiada ☆

Resta. Cuenta hacia adelante para formar 10. Completa cada operación para hallar la diferencia.

1. 13 − 9 = ?

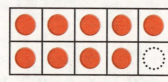
9 + __1__ = 10

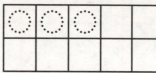
10 + __3__ = 13

9 + ____ = 13; por tanto, 13 − 9 = ____.

170 ciento setenta   Tema 4 | Lección 3

Nombre _____

Práctica independiente — Resta. Cuenta hacia adelante para formar 10. Muestra tu trabajo y completa las operaciones.

2. 12 − 8 = ?

8 + ____ = 10

10 + ____ = 12

8 + ____ = 12; por tanto, 12 − 8 = ____.

3. 15 − 7 = ?

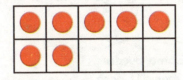

7 + ____ = 10

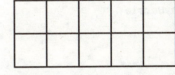

10 + ____ = 15

7 + ____ = 15; por tanto, 15 − 7 = ____.

4. 14 − 5 = ____

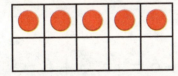 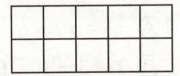

5. 16 − 9 = ____

 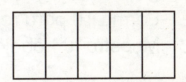

6. **enVision® STEM**

Rosi observó el amanecer o el atardecer por 13 días.
Rosi observó el atardecer 5 días.
¿Cuántos días observó el amanecer?
Forma 10 como ayuda para resolver el problema.

5 + ____ = 10

10 + ____ = 13

5 + ____ = 13;

por tanto, 13 − 5 = ____ días.

Tema 4 | Lección 3   ciento setenta y uno   171

Resolución de problemas Resuelve los problemas.

7. Entender

Sonia tiene 13 calcomanías.

Le da 7 a su hermanito.

¿Cuántas calcomanías le quedan a Sonia?

¿Cómo puedes formar 10 para ayudarte?

A Sonia le quedan _____ calcomanías.

8. Razonamiento de orden superior

Colin tiene 12 juguetes. Regala 9.
¿Cuántos juguetes le quedan?
Forma 10 para resolver el problema.
Muestra tu trabajo.

_____ ◯ _____ = _____

A Colin le quedan _____ juguetes.

9. Práctica para la evaluación

¿Qué ecuaciones muestran cómo formar 10 para resolver 16 − 7 = ?

Ⓐ 16 − 10 = 6

Ⓑ 7 + 3 = 10, 10 + 6 = 16, 3 + 6 = 9

Ⓒ 7 + 3 = 10, 10 + 7 = 17, 3 + 7 = 10

Ⓓ 10 + 7 = 17

172 ciento setenta y dos

Nombre _____

Resuélvelo y coméntalo Escribe 2 operaciones de suma y 2 operaciones de resta.
Usa los números 8, 9 y 17.
Usa cubos como ayuda.

Lección 4-4

Familias de operaciones

Puedo...
hacer operaciones de suma y resta usando los mismos tres números.

También puedo buscar patrones.

___ + ___ = ___   ___ - ___ = ___

___ + ___ = ___   ___ - ___ = ___

Tema 4 | Lección 4   En línea | SavvasRealize.com   ciento setenta y tres   **173**

Puente de aprendizaje visual

Escribe 2 operaciones de suma para este modelo.

$9 + 6 = 15$

15

$6 + 9 = 15$

Suma las partes en cualquier orden.

También puedes escribir 2 operaciones de resta.

15

Resta 1 parte del todo.

$15 - 6 = 9$

Resta la otra parte del todo.

15

$15 - 9 = 6$

Estas son **operaciones relacionadas**.

$9 + 6 = 15$
$6 + 9 = 15$
$15 - 6 = 9$
$15 - 9 = 6$

Forman una **familia de operaciones**.

¡Convénceme! ¿Cómo se relacionan las operaciones $15 - 6 = 9$ y $15 - 9 = 6$?

Práctica guiada Escribe la familia de operaciones para cada modelo.

1.

$14 = 6 + 8$
$14 = 8 + 6$
$8 = 14 - 6$
$6 = 14 - 8$

2.

___ + ___ = ___
___ + ___ = ___
___ - ___ = ___
___ - ___ = ___

174 ciento setenta y cuatro   Tema 4 | Lección 4

Nombre _____

Práctica independiente — Escribe la familia de operaciones para cada modelo.

3.

___ + ___ = ___

___ + ___ = ___

___ − ___ = ___

___ − ___ = ___

4.

___ = ___ + ___

___ = ___ + ___

___ = ___ − ___

___ = ___ − ___

5.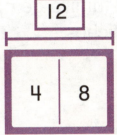

___ + ___ = ___

___ + ___ = ___

___ − ___ = ___

___ − ___ = ___

6. **Sentido numérico**
¿Las siguientes ecuaciones forman una familia de operaciones? Explica tu respuesta.

$9 + 5 = 14$

$15 - 5 = 10$

$4 + 4 = 8$

$15 = 6 + 9$

¿Cuál es el todo? ¿Cuáles son las partes?

Tema 4 | Lección 4

Resolución de problemas Resuelve los problemas.

7. **Buscar patrones**
Pat ordenó las siguientes fichas.
Escribe la familia de operaciones para este grupo de fichas.

_____ = _____ + _____

_____ = _____ + _____

_____ = _____ − _____

_____ = _____ − _____

8. **Razonamiento de orden superior**
Tania tiene 8 calcomanías.
Manuel le da 5 más.
¿Cuántas calcomanías tiene Tania en total?

Escribe una ecuación para resolver el problema. Luego, completa la familia de operaciones.

_____ ◯ _____ = _____ calcomanías

_____ ◯ _____ = _____

_____ ◯ _____ = _____

_____ ◯ _____ = _____

9. **Práctica para la evaluación**
Escribe una familia de operaciones que represente el dibujo de los robots amarillos y verdes.

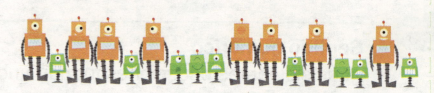

_____ + _____ = _____

_____ + _____ = _____

_____ − _____ = _____

_____ − _____ = _____

176 ciento setenta y seis

Nombre _____

Lección 4-5
Usar la suma para restar

12 − 9 = ?
¿Cómo puedes usar una operación relacionada para hallar 12 − 9?
Escribe las operaciones relacionadas de suma y resta.
Puedes usar fichas como ayuda.

Puedo...
usar operaciones de suma para resolver operaciones de resta.

También puedo buscar cosas que se repiten.

___ + ___ = ___   ___ − ___ = ___

Tema 4 | Lección 5   En línea | SavvasRealize.com   ciento setenta y siete **177**

Puente de aprendizaje visual

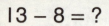

13 − 8 = ?

Usa la suma para ayudarte a restar.

¿Qué número puedo sumar a 8 para formar 13?

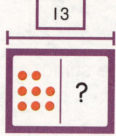

8 + ? = 13

Representa la operación de suma.

Puedo sumar 2 para obtener 10 y luego 3 más para obtener 13. ¡Eso es 5!

¡Convénceme! ¿Cómo puedes usar la suma para resolver 16 − 9?

Práctica guiada

Completa los modelos. Luego, completa las ecuaciones.

1. 14 − 8 = ?

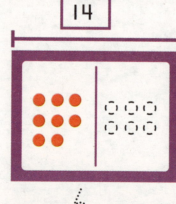

8 + __6__ = 14

14 − 8 = __6__

2. 17 − 9 = ?

9 + ____ = 17

17 − 9 = ____

178 ciento setenta y ocho

Nombre _____

Práctica independiente Completa los modelos. Luego, completa las ecuaciones.

3. 13 − 9 = ?

9 + ____ = 13
13 − 9 = ____

4. 20 − 10 = ?

10 + ____ = 20
20 − 10 = ____

5. 15 − 7 = ?

7 + ____ = 15
15 − 7 = ____

 Dibuja la figura que falta en cada problema.

6. **Álgebra**

Si 🔴 + 🟩 = 🔺,

entonces 🔺 − 🟩 = ____

7. **Álgebra**

Si 🟦 − 🟧 = 🟧,

entonces ____ + 🟧 = 🟦.

Tema 4 | Lección 5   ciento setenta y nueve **179**

Resolución de problemas

Resuelve los problemas. Escribe operaciones relacionadas de suma y resta como ayuda.

8. Generalizar

Hay 17 partes de robots.
Fred usa algunas partes.
Ahora quedan 8.
¿Cuántas partes usó Fred?

____ + ____ = ____

____ − ____ = ____   ____ partes

9. Generalizar

María invita a 10 amigos a su fiesta.
3 no pueden ir.
¿Cuántos amigos de María habrá en la fiesta?

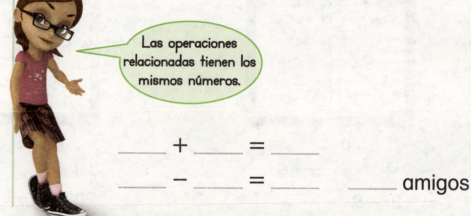

Las operaciones relacionadas tienen los mismos números.

____ + ____ = ____

____ − ____ = ____   ____ amigos

10. Razonamiento de orden superior

Escribe una ecuación de resta con 11. Luego, escribe una operación relacionada de suma que podrías usar para resolverla.

____ ◯ ____ = ____

____ ◯ ____ = ____

11. Práctica para la evaluación

Escribe una operación de suma que te ayude a resolver 13 − 7 = ?.

____ + ____ = ____

Nombre _____

Lección 4-6
Más sobre usar la suma para restar

Resuélvelo y coméntalo Completa las operaciones de resta. Traza líneas desde las operaciones de resta hasta las operaciones de suma que pueden ayudarte.
¿En qué se parecen las operaciones de resta y las operaciones de suma?

Puedo... usar operaciones de suma para resolver operaciones de resta.

También puedo razonar sobre las matemáticas.

16 − 9 = ____

17 − 8 = ____

18 − 9 = ____

16 − 7 = ____

17 − 9 = ____

9 + 9 = 18

7 + 6 = 13

9 + 8 = 17

6 + 6 = 12

9 + 7 = 16

Tema 4 | Lección 6   En línea | SavvasRealize.com   ciento ochenta y uno   181

Puente de aprendizaje visual

Cada operación de resta tiene una operación relacionada de suma.

15
− 7
―――
?

Puedes pensar en la suma para ayudarte a restar.

15   7
− 7   + ?
―――   ―――
?   15

7
+ 8
―――
15

Sumo 8 a 7 y llego a 15.

15
− 7
―――
8

Si 7 + 8 = 15, entonces 15 − 7 = 8.

¡Convénceme! ¿Cómo te ayuda la operación 6 + 9 = 15 a resolver 15 − 6?

Práctica guiada

Completa las operaciones de suma. Luego, resuelve la operación relacionada de resta.

1.
9   14
+ 5   − 9
―――   ―――
14   5

2.
10   20
+ ☐   − 10
―――   ―――
20   ☐

3.
7   11
+ ☐   − 7
―――   ―――
11   ☐

4.
8   13
+ ☐   − 8
―――   ―――
13   ☐

182 ciento ochenta y dos

Tema 4 | Lección 6

Nombre _____

Práctica independiente — Piensa en la suma para resolver cada operación de resta.

5. 15
   − 8
   ☐

6. 18
   − 9
   ☐

7. 13
   − 9
   ☐

8. 11
   − 2
   ☐

9. 16
   − 7
   ☐

10. 14
   − 8
   ☐

11. 17
   − 7
   ☐

12. 12
   − 4
   ☐

Vocabulario Encierra en un círculo **Sí** o **No** para mostrar si las **operaciones relacionadas** son o no correctas.

13. Si 8 + 8 = 16,

    entonces 16 − 8 = 8.

    Sí   No

14. Si 7 + 6 = 13,

    entonces 16 − 7 = 3.

    Sí   No

Tema 4 | Lección 6   ciento ochenta y tres **183**

Resolución de problemas Resuelve los problemas. Escribe operaciones relacionadas de resta y de suma como ayuda.

15. **Razonar**
Samuel tiene algunos crayones.
Se encontró 6 más.
Ahora tiene 13 crayones.
¿Cuántos crayones tenía Samuel antes de encontrarse más?

____ + ____ = ____

____ − ____ = ____

____ crayones

¿Cómo se relacionan los números del problema?

16. **Razonamiento de orden superior**
Resuelve 13 − 4.
Usa dibujos, números o palabras para mostrar cómo lo resolviste.

17. **Práctica para la evaluación**
¿Qué operación relacionada de suma te ayuda a resolver 14 − 6 = ?

Ⓐ 8 + 8 = 16

Ⓑ 6 + 8 = 14

Ⓒ 7 + 7 = 14

Ⓓ 6 + 9 = 15

Nombre _____

Lección 4-7
Explicar estrategias de resta

Resuélvelo y coméntalo Escoge una estrategia para resolver el problema.

Lalo tiene 12 manzanas. Regala 6 manzanas. ¿Cuántas manzanas le quedan?

Usa palabras, objetos o dibujos para explicar tu trabajo.

Puedo... explicar las estrategias que uso para resolver problemas de resta.

También puedo construir argumentos matemáticos.

____ − ____ = ____

Tema 4 | Lección 7   En línea | SavvasRealize.com   ciento ochenta y cinco 185

Puente de aprendizaje visual

Hay diferentes maneras de resolver las operaciones de resta.

10 − 3 = ?

Puedes contar hacia adelante o hacia atrás para resolver las operaciones de resta.

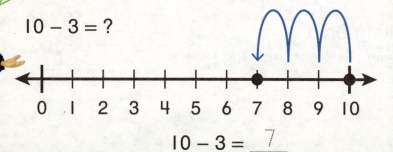

10 − 3 = _7_

Puedes formar 10 para restar 12 − 8.

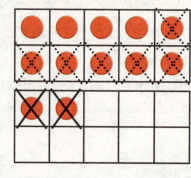

12 − 8 = _4_

Puedes pensar en la suma para restar 14 − 6.

6 + _8_ = 14

14 − 6 = _8_

¡Convénceme! Usa la recta numérica anterior. ¿Cómo puedes contar hacia adelante para hallar 10 − 3?

Práctica guiada Halla cada diferencia.
Debes estar listo para explicar cómo lo resolviste.

1. 15
   − 9
   ___

   6

2. 9
   − 7
   ___
   ☐

3. 13
   − 3
   ___
   ☐

4. 17
   − 8
   ___
   ☐

186 ciento ochenta y seis   Tema 4 | Lección 7

Nombre _____

Práctica independiente
Escoge una estrategia para hallar cada diferencia.

5. 15
   − 5
   ☐

6. 9
   − 3
   ☐

7. 14
   − 9
   ☐

8. 12
   − 4
   ☐

9. 7
   − 7
   ☐

10. 13
   − 5
   ☐

Escribe una ecuación de resta para resolver el problema. Explica la estrategia que usaste.

11. **Razonamiento de orden superior**
    Mónica tiene una caja con 16 crayones.
    7 crayones están rotos.
    ¿Cuántos crayones **NO** están rotos?

    ___ − ___ = ___

    ___ crayones

Tema 4 | Lección 7   ciento ochenta y siete **187**

Resolución de problemas Resuelve los problemas.

12. **Entender**
Olga tiene 11 libros.
Tiene 4 libros más que Juan.
¿Cuántos libros tiene Juan?

Juan tiene _____ libros.

¿Cuál es tu plan para resolver el problema? ¿Qué más puedes intentar si te encuentras en aprietos?

13. **Razonamiento de orden superior**
¿Qué estrategia usarías para resolver 10 – 6?

14. **Práctica para la evaluación**
¿Qué operaciones de suma te pueden ayudar a resolver 16 – 9 = ?
Escoge dos.

☐ 9 + 7 = 16
☐ 7 + 10 = 17
☐ 7 + 9 = 16
☐ 10 + 7 = 17

188 ciento ochenta y ocho

Tema 4 | Lección 7

Nombre _____

Resuélvelo y coméntalo

Hay algunos libros en un estante.
Aída puso 4 más en el estante.
Ahora hay 12 libros.
¿Cuántos libros había en el estante al principio?

Había _____ libros al principio.

Lección 4-8

Resolver problemas verbales con operaciones hasta el 20

Puedo...
resolver diferentes tipos de problemas de suma y de resta.

También puedo razonar sobre las matemáticas.

Usa objetos, dibujos o ecuaciones para mostrar tu razonamiento.

Tema 4 | Lección 8

En línea | SavvasRealize.com

ciento ochenta y nueve **189**

Puente de aprendizaje visual

Martín tiene algunos lápices.

Le da 6 a Marta.

Ahora, Martín tiene 5 lápices.

¿Cuántos lápices tenía Martín al principio?

Escribe una ecuación que represente el problema.

Martín regala 6 lápices y le quedan 5.

___?___ − 6 = 5

Conoces las dos partes. Suma para hallar el todo.

5   +   6   =   11

Por tanto, __11__ − 6 = 5.
Martín tenía 11 lápices al principio.

¡Convénceme! Sonia tiene 8 crayones. Le dan 8 crayones más. ¿Cuántos crayones tiene ahora? ¿Sumarías o restarías para resolver el problema? Explícalo.

Práctica guiada Escribe una ecuación que represente el cuento y resuélvela. Haz un dibujo como ayuda.

1. Ciro montó en bicicleta el lunes.
   El martes recorrió 8 millas en bicicleta.
   Ciro recorrió 14 millas en total.
   ¿Cuántas millas recorrió el lunes?

   _____  __8__ = __14__
   millas el lunes   millas el martes   millas en total

190 ciento noventa

Nombre _____

Herramientas Evaluación

☆ Práctica independiente ☆

Escribe una ecuación que represente el cuento y resuélvela.
Haz un dibujo como ayuda.

2. Mague escribió 9 páginas de un cuento ayer.
Hoy escribió algunas páginas más.
Escribió 15 páginas en total.
¿Cuántas páginas escribió hoy?

_____ ◯ _____ = _____

_____ páginas

3. Rubí tiene 6 juegos.
Cristóbal tiene 13 juegos.
¿Cuántos juegos menos que Cristóbal
tiene Rubí?

_____ ◯ _____ = _____

_____ juegos menos

4. Lilí tiene 7 listones menos que Dora.
Lilí tiene 13 listones.
¿Cuántos listones tiene Dora?

_____ ◯ _____ = _____

_____ listones

Tema 4 | Lección 8

ciento noventa y uno **191**

Resolución de problemas   Resuelve los problemas.

5. Razonar

Guille tiene 11 carritos.

¿Cuántos carritos puede poner en su caja roja?

¿Cuántos puede poner en su caja azul?

Haz un dibujo y escribe una ecuación

para resolver el problema.

$11 =$ ____ ◯ ____

6. Razonamiento de orden superior

Escribe una ecuación de suma y otra de resta
para representar el problema.

Luego, resuélvelo.

____ ◯ ____ $=$ ____

____ ◯ ____ $=$ ____

Omar tiene 9 naranjas.

Diana tiene 17 naranjas.

¿Cuántas naranjas más que Omar tiene Diana?   Diana tiene ____ naranjas más que Omar.

7. ☑ Práctica para la evaluación

Mariana recogió unas manzanas.
Se comió 3.
Ahora tiene 9 manzanas.
¿Cuántas manzanas recogió Mariana al principio?

Ⓐ 3 manzanas

Ⓑ 6 manzanas

Ⓒ 9 manzanas

Ⓓ 12 manzanas

Nombre _____

Resuélvelo y coméntalo Escribe un cuento numérico para 14 – 8. Luego, escribe una ecuación que represente el cuento.

Resolución de problemas
Lección 4-9
Razonar

Puedo...
razonar para escribir y resolver cuentos numéricos.

También puedo sumar y restar hasta el 20.

____ – ____ = ____

Hábitos de razonamiento
¿Qué representan los números?
¿Cómo puedo usar un problema verbal para mostrar lo que significa una ecuación?

Tema 4 | Lección 9 En línea | SavvasRealize.com ciento noventa y tres **193**

Puente de aprendizaje visual

Escribe un cuento numérico para 5 + 7. Luego, escribe una ecuación que represente el cuento.

¿Cómo puedo mostrar lo que significan los números y los signos?

Pienso en lo que representan el 5, el 7 y el signo + en el problema. Puedo usar eso para escribir un cuento.

Luis ve 5 insectos en el jardín. Luego llegan volando otros 7 insectos. ¿Cuántos insectos hay en el jardín ahora?

Hay 5 insectos y llegan 7 más. Por tanto, debes sumar.

5 + 7 = 12
Luis ve 12 insectos.

¡Convénceme! ¿En qué se parecen y en qué se diferencian un cuento sobre 12 – 7 y un cuento sobre 5 + 7?

Práctica guiada

Completa el cuento numérico. Luego, completa la ecuación para representar el cuento. Haz un dibujo como ayuda.

1. 17 – 9 = ____

Carlos tiene 17 galletas para perros.
Tom tiene 9 galletas para perros.
¿Cuántas galletas para perros más tiene Carlos?

____ galletas para perros más

194 ciento noventa y cuatro

Tema 4 | Lección 9

Nombre _____

Práctica independiente — Escribe un cuento numérico que represente cada operación. Completa la ecuación para representar el cuento.

2. 9 + 4 = ____

3. 12 − 4 = ____

4. 19 − 10 = ____

Puedes usar dibujos, números o palabras como ayuda.

Tema 4 | Lección 9

ciento noventa y cinco **195**

Resolución de problemas

Tarea de rendimiento

Libros de texto Raúl se lleva 2 libros a casa.
Deja 4 libros en la escuela.
¿Cómo puede Raúl escribir un cuento de suma sobre sus libros?

5. **Razonar** Escribe una pregunta de suma sobre los libros de Raúl.

_____

6. **Representar**
Haz un dibujo y escribe
una ecuación de suma para resolver
tu pregunta de suma.

7. **Explicar** ¿$6 - 4 = 2$ está en misma familia de operaciones que tu ecuación de suma?

Encierra en un círculo **Sí** o **No**.   Sí   No

Usa palabras, dibujos o ecuaciones para explicarlo.

Nombre _____

TEMA 4 — Actividad de práctica de fluidez

Colorea las operaciones que resulten en estas sumas y diferencias. Deja el resto en blanco.

| 6 | 7 | 4 |

Puedo... sumar y restar hasta el 10.

También puedo hacer mi trabajo con precisión.

9 – 5	8 – 4	1 + 3	10 – 3	4 + 4	1 + 6	7 – 1	9 – 5	5 + 3
2 + 1	6 – 2	7 – 4	5 + 2	9 – 7	7 – 0	6 – 0	6 + 2	2 + 1
8 + 2	10 – 6	2 + 6	7 + 0	6 + 3	10 – 3	4 + 2	6 – 1	6 + 3
4 + 4	3 + 1	4 – 3	8 – 1	4 + 5	6 + 1	8 – 2	2 + 1	9 + 1
8 – 7	4 + 0	6 + 4	9 – 2	3 + 4	2 + 5	3 + 3	6 – 0	10 – 4

La palabra es

_____ _____ _____

Tema 4 | Actividad de práctica de fluidez — ciento noventa y siete **197**

TEMA 4 — Repaso del vocabulario

Lista de palabras
- diferencia
- familia de operaciones
- operaciones relacionadas
- suma de dobles

Comprender el vocabulario

1. Tacha los siguientes números que **NO** sean la diferencia de 18 – 8.

    16   14
    11   10

2. Tacha los siguientes números que **NO** sean una suma de dobles.

    4 + 5   6 + 4
    4 + 4   5 + 4

3. Escribe una operación relacionada.

    12 – 7 = 5

    ___ ◯ ___ ◯ ___

4. Escribe una operación relacionada.

    10 + 9 = 19

    ___ ◯ ___ ◯ ___

5. Escribe una operación relacionada.

    6 = 14 – 8

    ___ ◯ ___ ◯ ___

Usar el vocabulario al escribir

6. Escribe ecuaciones usando los números que se muestran en el modelo. Luego, explica cómo se les llama a estas ecuaciones usando una palabra de la Lista de palabras.

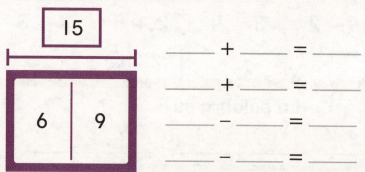

___ + ___ = ___

___ + ___ = ___

___ – ___ = ___

___ – ___ = ___

Nombre _____

Grupo A

Refuerzo

Puedes contar hacia atrás en una recta numérica para restar.

Halla 10 – 6.

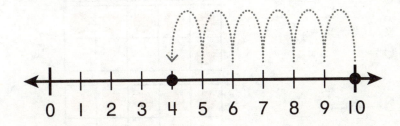

Empieza en el 10 y cuenta 6 hacia atrás para llegar al 4.

10 – 6 = __4__

También puedes contar hacia adelante para restar.

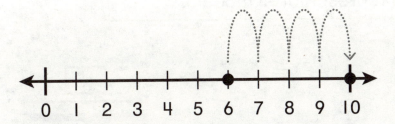

Empieza en el 6 y cuenta 4 hacia adelante para llegar al 10.

6 + 4 = 10; por tanto, 10 – 6 = 4.

10 – 6 = __4__

Halla las diferencias. Usa la recta numérica para contar hacia atrás o hacia adelante.

1. Halla 9 – 6.

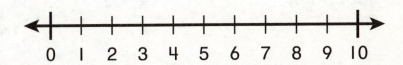

9 – 6 = ____

2. Halla 10 – 5.

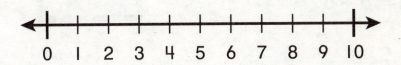

10 – 5 = ____

Tema 4 | Refuerzo

ciento noventa y nueve **199**

Grupo B

Puedes formar 10 para restar.

15 – 6 = ?
Primero, resta 5 de 15 para llegar a 10.

15 – 5 = 10
Luego, resta 1 más para llegar a 6.

15 – 6 = 9

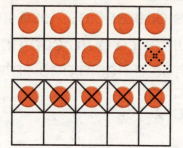

Forma 10 para restar.
Luego, completa la operación de resta.

3. 16 – 7 = ___

   16 – ___ = 10

   10 – ___ = ___

4. 13 – 6 = ___

   13 – ___ = 10

   10 – ___ = ___

Grupo C

Puedes escribir una familia de operaciones para representar el modelo.

14 = 6 + 8

14 = 8 + 6

6 = 14 – 8

8 = 14 – 6

14

Escribe una familia de operaciones para representar el modelo.

5. ___ + ___ = ___

   ___ + ___ = ___

   ___ – ___ = ___

   ___ – ___ = ___

15

Nombre _____

Refuerzo (continuación)

Grupo D

Puedes usar la suma como ayuda para restar.

15 − 7 = ?

Piensa:

7 + __8__ = 15

La parte que falta es 8.

Por tanto, 15 − 7 = 8.

Usa la suma para restar. Completa las ecuaciones.

6. 13 − 8 = ?

Piensa:

8 + ____ = 13

Por tanto, 13 − 8 = ____.

Grupo E

Puedes usar diferentes estrategias para restar 14 − 6.

Pensar en la suma

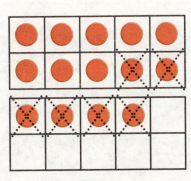

Formar 10

Halla las diferencias. Escoge una estrategia para usar.

7. 12
   − 4
   ____

8. 17
   − 8
   ____

Tema 4 | Refuerzo

doscientos uno **201**

Grupo F

Puedes escribir una ecuación para representar un problema verbal.

Jaime cortó el césped de algunos patios el sábado y el domingo.
Cortó el césped de 8 patios el domingo.
Cortó el césped de 13 patios en total.
¿A cuántos patios le cortó el césped el sábado?

5 ⊕ 8 = 13

5 patios

9. David tiene algunos bolígrafos. Le da 4 a Glen. Ahora tiene 7 bolígrafos. ¿Cuántos bolígrafos tenía David al principio?
Escribe una ecuación para resolver el problema.
Haz un dibujo como ayuda.

___ ◯ ___ = ___

___ bolígrafos

Grupo G

Hábitos de razonamiento

Razonar

¿Qué representan los números?
¿Cómo puedo usar un problema verbal para mostrar lo que significa una ecuación?

Escribe un cuento numérico para el problema. Luego, completa la ecuación.

10. $9 + 4 =$ ___

_____

_____

_____

202 doscientos dos

Tema 4 | Refuerzo

Nombre _____

1. Francisco tiene 15 libros para leer.
Leyó 9.
¿Cuántos libros le falta leer a Francisco?

_____ libros

2. Marco tiene algunas canicas rojas y 8 canicas azules. Tiene 13 canicas en total. ¿Cuántas canicas rojas tiene Marco?

Ⓐ 4   Ⓑ 5
Ⓒ 6   Ⓓ 7

3. ¿Qué familia de operaciones representa el dibujo de los patos grandes y los patos pequeños?

$8 + 0 = 8$
$0 + 8 = 8$
$8 - 0 = 8$
$8 - 8 = 0$
Ⓐ

$5 + 9 = 14$
$9 + 5 = 14$
$14 - 5 = 9$
$14 - 9 = 5$
Ⓑ

$5 + 8 = 13$
$8 + 5 = 13$
$13 - 5 = 8$
$13 - 8 = 5$
Ⓒ

$8 + 9 = 17$
$9 + 8 = 17$
$17 - 9 = 8$
$17 - 8 = 9$
Ⓓ

4. ¿Qué operación relacionada de resta se puede resolver usando $7 + 8 = 15$?

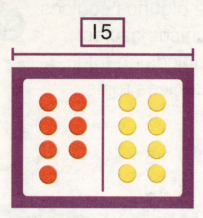

Ⓐ $15 - 8 = 7$

Ⓑ $14 - 7 = 7$

Ⓒ $8 - 7 = 1$

Ⓓ $8 - 8 = 0$

5. Hay 13 pájaros en un árbol. 6 pájaros se van volando. ¿Cuántos pájaros quedan en el árbol?

Forma 10 para resolver el problema. Completa los números que faltan.

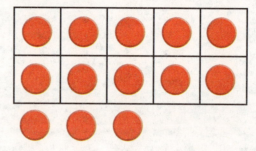

$13 - \underline{} = 10$

$10 - \underline{} = \underline{}$

$13 - 6 = \underline{}$

6. Gloria tiene 7 lápices amarillos y 9 lápices rojos. ¿Qué estrategia **NO** te ayudaría a hallar $9 - 7$?

Ⓐ Formar 10

Ⓑ Pensar en la suma

Ⓒ Contar para restar

Ⓓ A mi manera

Nombre _____

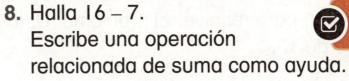

7. Nina hornea 14 panes de maíz.
Regala 8 panes de maíz.
¿Cuántos panes de maíz le quedan?
Escribe una ecuación para explicarlo.

_____ panes de maíz

8. Halla 16 − 7.
Escribe una operación relacionada de suma como ayuda.

16 − 7 = _____

9. Usa la recta numérica para contar hacia adelante o hacia atrás para hallar la diferencia. Muestra tu trabajo.

12 − 4 = _____

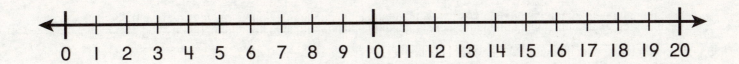

Tema 4 | Práctica para la evaluación   doscientos cinco **205**

10. Mónica tiene 14 libros. Vende 8 libros.
¿Cuántos libros le quedan?

Forma 10 para resolver el problema. Usa fichas y el
marco de 10.

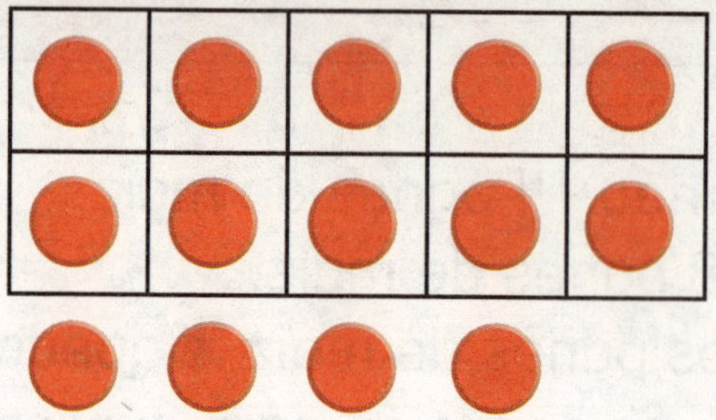

_____ libros

---

11. Una caja tiene 16 partes para una patineta. María usó algunas partes
en su patineta.
Ahora quedan 7 partes.

Escribe una ecuación de resta para mostrar cuántas
partes usó María.

_____ − _____ = _____   María usó _____ partes.

---

12. Escribe un cuento numérico para 19 − 10.

Luego, escribe una ecuación que represente tu cuento y resuelve el problema.

_____

_____

_____

Nombre _____

Tarea de rendimiento

Las calcomanías de Marta

Marta colecciona calcomanías.
En la tabla se muestran las diferentes calcomanías que tiene.

Las calcomanías de Marta	
Tipo de calcomanía	Cantidad de calcomanías
🌙	15
☁️	7
☀️	9
🌈	8
⭐	12

1. ¿Cuántas calcomanías de lunas más que de soles tiene Marta?

   Cuenta, forma 10 o piensa en la suma para resolver.

   _____ calcomanías de lunas más

2. Marta le da algunas calcomanías de nubes a Tom.
   Ahora le quedan 5 calcomanías de nubes.
   ¿Cuántas calcomanías de nubes le dio Marta a Tom?

   Escribe una ecuación y resuelve el problema.

   _____ ◯ _____ = _____

   _____ calcomanías de nubes

Tema 4 | Tarea de rendimiento   doscientos siete **207**

3. Completa la familia de operaciones con la cantidad de calcomanías de nubes y arco iris.

$7 + 8 = 15$

____ + ____ = ____

____ − ____ = ____

____ − ____ = ____

4. Sandra le da a Marta 3 calcomanías de arco iris más.
¿Cuántas calcomanías de arco iris tiene Marta ahora?
Completa la ecuación para resolver el problema.

8 ◯ ____ = ____

____ calcomanías de arco iris

5. Escribe un cuento para mostrar y resolver 12 − 8. Haz un problema sobre calcomanías de estrellas. Haz un dibujo y escribe una ecuación que represente tu cuento.

____ ◯ ____ = ____

208 doscientos ocho

TEMA 5: Trabajar con ecuaciones de suma y resta

Pregunta esencial: ¿De qué manera el sumar y restar te ayudan a resolver o completar ecuaciones?

Recursos digitales

Libro del estudiante | Aprendizaje visual | Práctica
Evaluación | Herramientas | Glosario

Los animales no pueden hablar como nosotros. Ellos se comunican de otras maneras.

Algunos animales que viven bajo el agua se comunican usando el sonar.

¡Muy interesante! ¡Hagamos este proyecto para aprender más!

Proyecto de enVision STEM: La comunicación bajo el agua

Investigar Habla con tu familia y tus amigos acerca de cómo algunos animales, como el delfín, usan el sonar. Pídeles que te ayuden a buscar más información sobre el sonar en libros o en una computadora.

Diario: Hacer un libro Muestra lo que encontraste. En tu libro, también:
- haz un dibujo que muestre una manera en que se usa el sonar.
- inventa y resuelve problemas de suma y resta sobre los animales que usan el sonar para comunicarse.

Nombre _____

Repasa lo que sabes

Vocabulario

1. Encierra en un círculo los **sumandos** de la ecuación.

    4 + 5 = 9

2. Encierra en un círculo la ecuación que es una **operación relacionada** de 10 − 8 = 2.

    8 − 6 = 2

    8 + 2 = 10

3. Encierra en un círculo el número que completa la **familia de operaciones**.

    3 + ___?___ = 10

    ___?___ + 3 = 10

    10 − 3 = ___?___

    10 − ___?___ = 3

Cuentos de resta

Usa cubos para resolver el problema y escribe la ecuación de resta.

4. 8 ardillas están en el pasto. 5 están comiendo bellotas.
   ¿Cuántas ardillas **NO** están comiendo bellotas?

    ___ − ___ = ___

5. Beto tiene 5 marcadores. Pablo tiene 3.
   ¿Cuántos marcadores más tiene Beto que Pablo?

    ___ − ___ = ___

Operaciones relacionadas

6. Escribe las operaciones de resta relacionadas.

    9 = 4 + 5

    ___ = ___ − ___

    ___ = ___ − ___

210 doscientos diez   Tema 5

Nombre _____

PROYECTO 5A

¿Qué crece en ese árbol?

Proyecto: Haz tarjetas relámpago

PROYECTO 5B

¿Alguna vez cambia la luna?

Proyecto: Escribe y resuelve problemas de la luna

PROYECTO 5C

¿Quién obtuvo más fichas?

Proyecto: Juega a las damas

Tema 5 | Escoge un proyecto — doscientos once **211**

MATEMÁTICAS EN 3 ACTOS: VISTAZO

Representación matemática

Demasiado pesado

Antes de ver el video, piensa: ¿Qué significa que dos partes estén equilibradas? Cuando no están equilibradas, ¿cómo sabes qué lado pesa más?

Puedo...
representar con modelos matemáticos para resolver un problema que incluya hacer ecuaciones verdaderas.

Nombre _____

Resuélvelo y coméntalo

Halla el número que falta en esta ecuación:

$$7 + \underline{\qquad} = 13$$

Explica cómo hallaste el número que falta.

Lección 5-1

Hallar los números desconocidos

Puedo...
hallar los números desconocidos en una ecuación.

También puedo razonar sobre las matemáticas.

Tema 5 | Lección I

En línea | SavvasRealize.com

doscientos trece **213**

Puente de aprendizaje visual

Mira este problema:

12 − ____ = 3

Esto significa que 12 menos un número es igual a 3.

Puedes usar fichas para hallar el número que falta.

12 − _9_ = 3

También puedes usar la suma para hallar el número que falta.

3 + _9_ = 12,

por tanto, 12 − _9_ = 3.

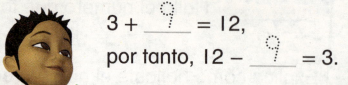

9 es el número que falta. El 9 hace la ecuación verdadera.

¡Convénceme! ¿Cuál es el número que falta en la ecuación ____ + 4 = 9? ¿Cómo lo sabes?

Práctica guiada Escribe los números que faltan. Luego, dibuja o tacha fichas para mostrar tu trabajo.

1. 14 − _7_ = 7

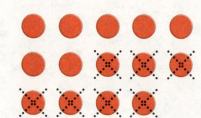

2. 4 + ____ = 12

Nombre _____

Práctica independiente
Escribe los números que faltan.
Dibuja fichas para mostrar tu trabajo.

3. ____ – 9 = 8

4. ____ = 8 + 3

5. ____ + 6 = 12

6. 8 + ____ = 15

7. 14 – ____ = 6

8. ____ = 11 – 8

9. **Sentido numérico** Escribe el número que falta para hacer cada ecuación verdadera.

9 + ____ = 19

20 = ____ + 10

____ – 10 = 9

____ – 10 = 10

¿De qué manera el resolver un problema te ayuda a resolver otro problema?

Tema 5 | Lección 1

doscientos quince **215**

Resolución de problemas

Resuelve cada cuento numérico. Escribe los números y los signos que faltan. Usa fichas si es necesario.

10. **Razonar** Adam quiere visitar 13 estados en un viaje por carro. Ha visitado 7 estados hasta ahora.
¿Cuántos estados le faltan por visitar?

13 $\bigcirc$ _____ = _____

_____ estados

11. Charo necesita hacer 11 vestidos para su clase de baile. Le faltan 4 vestidos para terminar.
¿Cuántos vestidos ha hecho hasta ahora?

11 = _____ $\bigcirc$ _____

_____ vestidos

12. **Razonamiento de orden superior**
Halla el número que falta en la ecuación $5 +$ _____ $= 14$. Luego, escribe un cuento que represente el problema.

13. ☑ **Práctica para la evaluación**
Une con una línea cada ecuación con el número que falta.

$17 -$ _____ $= 7$ 　　　　6

_____ $+ 6 = 12$ 　　　　3

$4 +$ _____ $= 13$ 　　　　10

_____ $- 1 = 2$ 　　　　9

216 doscientos dieciséis

Tema 5 | Lección 1

Nombre _____

Lección 5-2
Ecuaciones verdaderas o falsas

Resuélvelo y coméntalo

Una ecuación es verdadera cuando ambas partes son iguales.
Encierra en un círculo las ecuaciones que son verdaderas. Muestra por qué piensas eso.

Puedo... entender que el signo igual significa "tiene el mismo valor que".

También puedo hacer mi trabajo con precisión.

$5 = 11 - 6$

$5 + 6 = 6 + 5$

$7 = 7$

$4 + 5 = 8$

$9 + 2 = 11$

Tema 5 | Lección 2  En línea | SavvasRealize.com   doscientos diecisiete **217**

Puente de aprendizaje visual

¿Es verdadera esta ecuación?

3 + 6 = 4 + 5

Halla el valor de cada lado de la ecuación.

3 + 6

4 + 5

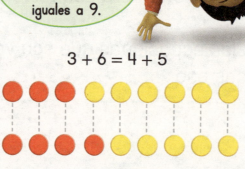

Esta ecuación es verdadera, ya que los dos lados son iguales a 9.

3 + 6 = 4 + 5

9 = 9

Las ecuaciones que no tienen signos de operación también pueden ser verdaderas.

8 = 8 es un enunciado verdadero.

¡Convénceme! ¿Es verdadera la ecuación 4 = 11 − 6? Explícalo.

Práctica guiada Indica si cada ecuación es **Verdadera** o **Falsa**. Usa las fichas para ayudarte.

1. 5 + 2 = 9 − 3

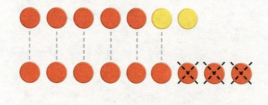

Verdadera (Falsa)

2. 7 = 8 − 1

Verdadera   Falsa

218 doscientos dieciocho

Tema 5 | Lección 2

Nombre _____

Práctica independiente Indica si cada ecuación es **Verdadera** o **Falsa**. Puedes dibujar fichas para ayudarte.

3. $5 + 5 = 6 + 4$

Verdadera   Falsa

4. $9 = 9 - 1$

Verdadera   Falsa

5. $3 + 3 = 11 - 8$

Verdadera   Falsa

6. $13 - 4 = 15 - 6$

Verdadera   Falsa

7. $7 + 7 = 12 - 5$

Verdadera   Falsa

8. $10 + 8 = 9 + 9$

Verdadera   Falsa

9. $7 + 3 = 10 + 2$

Verdadera   Falsa

10. $6 + 8 = 8 + 6$

Verdadera   Falsa

11. $4 + 2 = 6 + 1$

Verdadera   Falsa

Tema 5 | Lección 2

Resolución de problemas — Escribe una ecuación para mostrar el problema. Escribe los números que faltan en la oración. Luego, indica si la ecuación es **Verdadera** o **Falsa**.

12. **Hacerlo con precisión** Sonia tiene 8 aviones de papel y regala 1. Fernando tiene 5 aviones de papel y le dan 2 más.

    ____ − ____ = ____ + ____

    Verdadera   Falsa

    Sonia tiene ____ aviones.

    Fernando tiene ____ aviones.

Asegúrate de usar correctamente los números, unidades y signos. ¿Representa la ecuación el cuento?

13. **Razonamiento de orden superior**
    ¿Puedes probar que $4 + 2 = 5 + 1$ es una ecuación verdadera sin resolver sus dos partes? Explícalo.

    _____

    _____

    _____

    _____

14. ✓ **Práctica para la evaluación**
    ¿Cuáles de las siguientes ecuaciones son **falsas**?
    Selecciona dos que apliquen.

    ☐ $10 − 3 = 14 − 7$

    ☐ $4 + 3 = 7 + 1$

    ☐ $6 + 6 = 8 + 3$

    ☐ $17 − 8 = 9$

Nombre _____

Lección 5-3
Crear ecuaciones verdaderas

¿Qué número debe ir en el espacio en blanco para hacer la ecuación verdadera? ¿Cómo lo sabes?

Puedo... escribir el número que falta en la ecuación para hacerla verdadera.

También puedo hacer mi trabajo con precisión.

$2 + 5 = \underline{} + 6$

Puente de aprendizaje visual

Escribe el número que falta para hacer que la ecuación sea verdadera.

10 – _____ = 3 + 4

"Puedo resolver un lado de la ecuación primero. Sé que 3 + 4 = 7."

Puedes usar fichas para hallar el número que falta.

10 – _____ = 7

"El signo igual significa 'el mismo valor que'; por tanto, necesito restar algo a 10 para llegar a 7."

"Quité 3 fichas para llegar a 7; por tanto, el número que falta es 3."

10 – 3 = 3 + 4

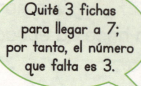

¡Convénceme! ¿Qué número puedes escribir en el espacio en blanco para hacer esta ecuación verdadera? Usa dibujos o palabras para mostrar cómo lo sabes. 8 + _____ = 6 + 6

Práctica guiada Escribe los números que faltan para hacer la ecuación verdadera. Dibuja fichas para ayudarte.

1. 10 + __?__ = 5 + 7

   10 + __?__ = 12

   10 + __2__ = 12

2. 9 – 5 = 6 – __?__

   ____ = 6 – __?__

   ____ = 6 – ____

222 doscientos veintidós   Tema 5 | Lección 3

Nombre _____

Práctica independiente Escribe el número que falta para hacer cada ecuación verdadera.

3. ___ + 6 = 4 + 9

4. 14 − 7 = ___ − 3

5. 8 + ___ = 9 + 4

6. 10 − ___ = 7 − 3

7. 15 − 10 = 10 − ___

8. 7 + 4 = 8 + ___

9. 10 + 2 = ___ + 4

10. 13 − 10 = ___ − 7

11. ___ + 7 = 9 + 1

12. **enVision® STEM** Cora y René están haciendo "teléfonos" con vasos de papel y cuerda. Usan un pedazo de cuerda que mide 13 pies de largo y lo cortan en 2 partes. Un pedazo mide 8 pies. ¿Qué tan largo es el otro pedazo de cuerda? Escribe el número que falta en las ecuaciones.

___ = 13 − 8

13 = ___ + 8

___ pies

Puedes pensar en la resta como un problema de un sumando que falta.

Tema 5 | Lección 3

doscientos veintitrés **223**

Resolución de problemas Resuelve cada uno de los siguientes problemas.

13. **Razonar** Cárol tiene 14 pelotas de tenis. Daniel tiene 4 pelotas de tenis. ¿Cuántas pelotas de tenis más que Daniel tiene Cárol?

 más

14. Raúl se encontró 10 piedras, pero se le cayó 1 piedra. Arturo se encontró 3 piedras. ¿Cuántas piedras tendría que encontrar Arturo para tener la misma cantidad que Raúl?

$10 - 1 = 3 + \underline{}$ ____ más

15. **Razonamiento de orden superior** José tiene 5 crayones rojos y 8 azules. Tere tiene 10 crayones rojos y algunos azules. Si Tere tiene la misma cantidad de crayones que José, ¿cuántos crayones azules tiene Tere? Di cómo lo sabes.

_____

_____

16. **Práctica para la evaluación** Une con una flecha el número que hace la ecuación verdadera.

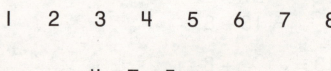

Nombre _____

Resuélvelo y coméntalo

Carlos hizo una pila de 6 libros, otra de 4 libros y otra de 6 libros. ¿Cómo puedes usar la suma para saber la cantidad total de libros que hay en las tres pilas?

Escribe dos ecuaciones diferentes para mostrar cuántos libros hay en total.

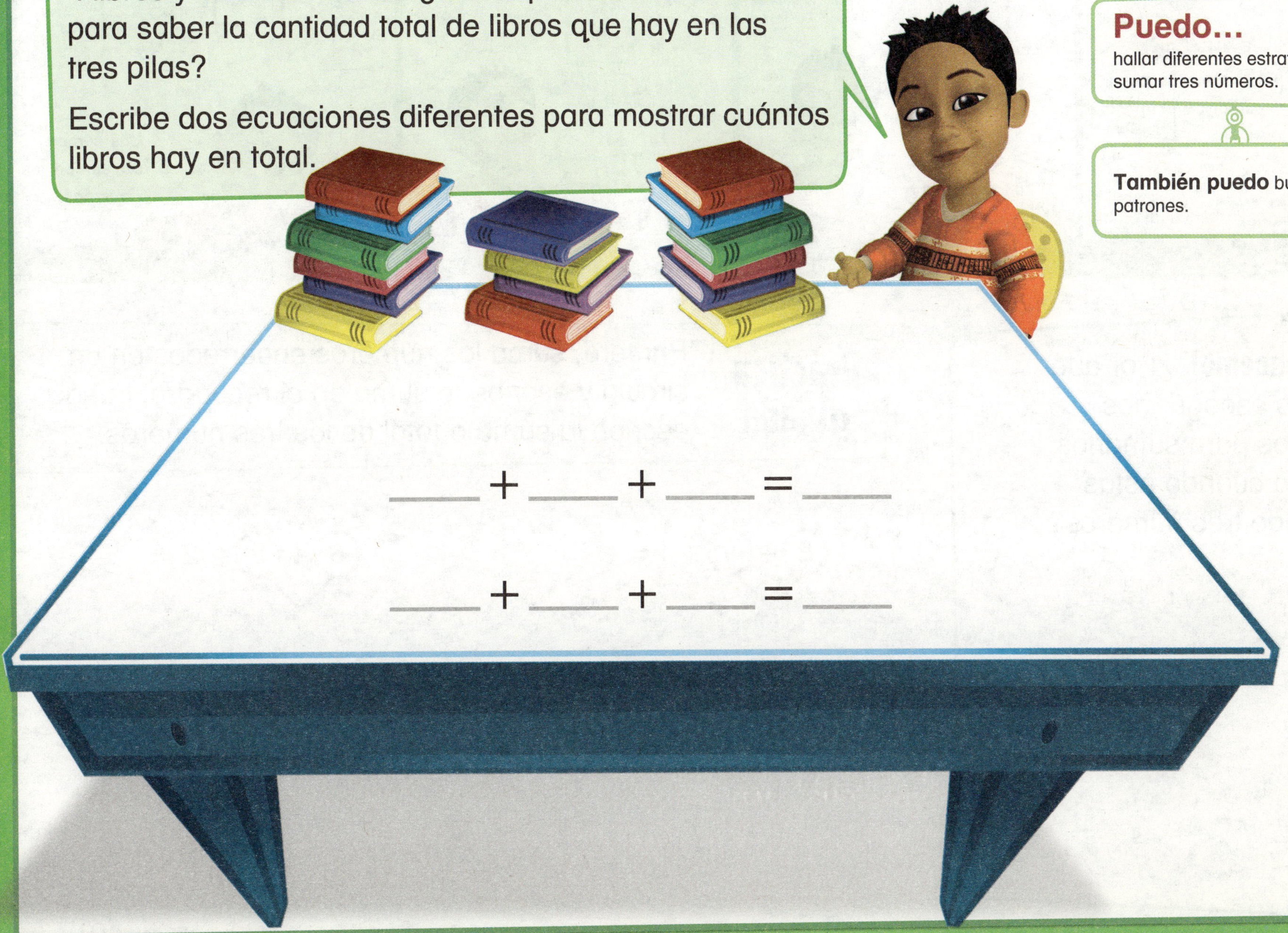

Lección 5-4
Sumar tres números

Puedo...
hallar diferentes estrategias para sumar tres números.

También puedo buscar patrones.

___ + ___ + ___ = ___

___ + ___ + ___ = ___

Tema 5 | Lección 4   En línea | SavvasRealize.com   doscientos veinticinco **225**

Puente de aprendizaje visual

Puedes sumar tres números.

$8 + 6 + 2$

Escoge 2 números para sumarlos primero.

Puedes formar 10.

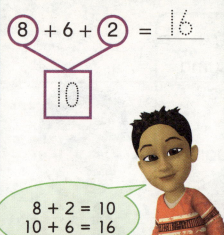

$8 + 2 = 10$
$10 + 6 = 16$

Puedes hacer un doble.

⑧ + ⑥ + ② = 16

8

$6 + 2 = 8$
$8 + 8 = 16$

Puedes sumar cualquier combinación de dos números primero.

Las sumas o totales son los mismos.

¡Convénceme! ¿Por qué puedes escoger dos números para sumarlos primero cuando estás sumando tres números?

Práctica guiada

Primero, suma los números encerrados en un círculo y escribe la suma en el recuadro. Luego, escribe la suma o total de los tres números.

1. ② + ⑨ + 1 = 12

   11

   2 + ⑨ + ① = 12

   10

2. ⑥ + ③ + 2 = ___

   ☐

   6 + ③ + ② = ___

   ☐

226 doscientos veintiséis

Tema 5 | Lección 4

Nombre _____

✦ Práctica independiente ✦

Encierra en un círculo dos números para sumarlos y escribe la suma de ellos en el recuadro de la derecha. Luego, escribe la suma o total de los tres números.

3.
```
   6
   6
 + 1
 ___
```
☐

4.
```
   3
   7
 + 8
 ___
```
☐

5.
```
   2
   8
 + 3
 ___
```
☐

6.
```
   7
   3
 + 3
 ___
```
☐

7.
```
   2
   2
 + 8
 ___
```
☐

8.
```
   5
   0
 + 9
 ___
```
☐

9. **Sentido numérico** Ayuda a Alex a hallar los números que faltan. Los números en cada rama deben sumar 15.

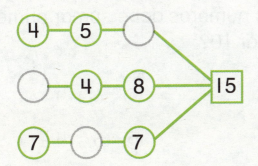

Recuerda que puedes sumar en cualquier orden.

Tema 5 | Lección 4

doscientos veintisiete **227**

Resolución de problemas Escribe una ecuación para resolver el siguiente problema.

10. **Buscar patrones** Mirna puso 7 libros en un estante, 3 en otro estante y 5 en el último estante. ¿Cuántos libros puso Mirna en los tres estantes?

¿Puedes descomponer el problema en partes más simples?

____ + ____ + ____ = ____

____ libros

11. **Razonamiento de orden superior** Explica cómo sumar 7 + 2 + 3. Usa dibujos, números o palabras.

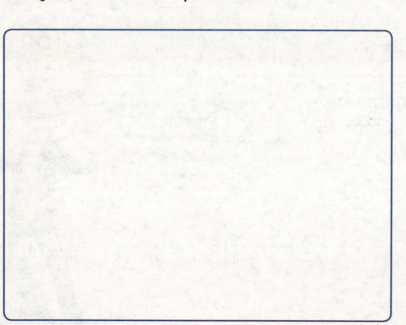

12. **Práctica para la evaluación** Manuel compró 7 lápices, 6 marcadores y 4 plumas. Quiere saber cuántas cosas compró en total.

7 lápices — 6 marcadores — 4 plumas

¿Qué dos números debe sumar primero para formar 10?

Ⓐ 7 + 6   Ⓑ 6 + 4

Ⓒ 7 + 4   Ⓓ 5 + 4

228 doscientos veintiocho

Nombre _____

Resuélvelo y coméntalo Yo tengo 6 naranjas, Alex tiene 2 peras y Jada tiene 4 manzanas. ¿Cuántas frutas tenemos en total los tres?

Escribe 2 ecuaciones diferentes de suma para resolver el problema.

Lección 5-5
Problemas verbales con tres sumandos

Puedo...
usar diferentes estrategias para resolver problemas verbales con 3 sumandos.

También puedo representar con modelos matemáticos.

___ + ___ + ___ = ___

___ + ___ + ___ = ___

Tema 5 | Lección 5 — doscientos veintinueve **229**

Puente de aprendizaje visual

Vicente recogió piedras rojas. Las separó en 3 canastas. ¿Cuántas piedras rojas tiene en total?

Puedo sumar 5 + 4 primero y luego sumar 6.

5 + 4 = 9
9 + 6 = 15

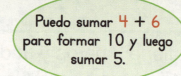
Puedo sumar 4 + 6 para formar 10 y luego sumar 5.

4 + 6 = 10
10 + 5 = 15

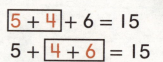
La suma es la misma aunque agrupe los números de maneras diferentes.

$\boxed{5 + 4} + 6 = 15$
$5 + \boxed{4 + 6} = 15$

Vicente tiene 15 piedras rojas.

¡Convénceme! ¿De qué manera el agrupar los números de maneras diferentes te puede ayudar a resolver un problema?

 **Práctica guiada**

Escribe una ecuación para resolver cada problema. Escoge una manera de agrupar los sumandos.

1. Paula encuentra algunas conchas marinas en la playa. Encuentra 7 conchas marinas rosadas, 3 negras y 4 blancas. ¿Cuántas conchas marinas encontró Paula?

   _7_ + _3_ + _4_ = _14_   _14_ conchas marinas

2. Tom ve algunos pájaros. Ve 4 pájaros rojos, 2 azules y 6 negros. ¿Cuántos pájaros ve Tom en total?

   ___ + ___ + ___ = ___   ___ pájaros

Nombre _____

Práctica independiente

Escribe una ecuación para resolver cada problema. Escoge una manera de agrupar los sumandos.

3. Ale tiene tarjetas de deportes. Tiene 8 tarjetas de béisbol, 2 de fútbol y 3 de básquetbol. ¿Cuántas tarjetas tiene Ale en total?

____ + ____ + ____ = ____

____ tarjetas

4. Bob está sembrando semillas. Siembra 2 semillas cafés, 6 blancas y 8 negras. ¿Cuántas semillas siembra Bob en total?

____ + ____ + ____ = ____

____ semillas

Escribe los números que faltan en cada problema.

5. Álgebra $16 = 7 +$ ____ $+ 6$

6. Álgebra $11 = 2 + 2 +$ ____

7. Vocabulario Julio encontró 3 mariquitas y algunas hormigas. Luego, encontró 5 escarabajos. Julio encontró 14 insectos en total. ¿Cuántas hormigas encontró Julio? Escribe el **sumando** que falta.

$14 = 3 +$ ____ $+ 5$

Julio encontró ____ hormigas.

8. Razonamiento de orden superior Rosa recogió 12 flores del jardín. Recogió algunas flores moradas, 4 rosadas y 3 amarillas. ¿Cuántas flores moradas recogió Rosa?

$12 = ? + 4 + 3$

Rosa recogió ____ flores moradas.

Tema 5 | Lección 5

doscientos treinta y uno **231**

Resolución de problemas   Resuelve cada problema.

9. **Generalizar** Diego lanza 3 saquitos amarillos al tiro al blanco.

   Los números en el tablero del tiro al blanco muestran los puntos que se pueden anotar en cada tiro.

   Escribe una ecuación de suma para hallar el puntaje total de Diego.

   ___ + ___ + ___ = ___

¿Se repite algo en el problema?

10. **Razonamiento de orden superior**
    Escribe un problema-cuento sobre juguetes. El cuento debe representar la siguiente ecuación.

    $4 + 1 + 9 = 14$

11. **Práctica para la evaluación**
    Ana lanza 3 saquitos amarillos al tiro al blanco y anota 17 puntos.
    ¿Cuál de los dibujos muestra su tablero de tiro al blanco?

Ⓐ

Ⓑ

Ⓒ

Ⓓ

Nombre _____

Resuélvelo y coméntalo

José tiene 5 borradores más que Luisa. José tiene 7 borradores. ¿Cuántos borradores tiene Luisa? Escribe tus respuestas abajo.

Lección 5-6

Resolver problemas verbales de suma y resta

Puedo...
resolver problemas verbales que incluyan comparaciones.

También puedo entender problemas.

Borradores de José

Borradores de Luisa

Tema 5 | Lección 6

En línea | SavvasRealize.com

doscientos treinta y tres **233**

Puente de aprendizaje visual

Esteban tiene 13 libros. Clara tiene 4 libros menos que Esteban. ¿Cuántos libros tiene Clara?

Puedes usar un modelo de barras para mostrar el problema.

Libros de Esteban

13

?	4

Libros de Clara   4 libros menos

Puedes escribir una ecuación de suma o de resta para ver cuántos libros tiene Clara.

$13 - 4 = \underline{9}$

$\underline{9} + 4 = 13$

Por tanto, Clara tiene 9 libros.

¡Convénceme! Tomás hizo 8 castillos de arena menos que Tina. Tina hizo 10 castillos de arena. ¿Cuántos castillos de arena hizo Tomás?

 Usa los modelos para resolver los problemas.

1. Celia tiene 8 revistas más que Lisa. Celia tiene 15 revistas. ¿Cuántas revistas tiene Lisa?

Revistas de Celia

Revistas de Lisa   8 revistas más

$\underline{8} + \underline{7} = \underline{15}$

Lisa tiene ___ revistas.

234 doscientos treinta y cuatro

Nombre _____

Herramientas   Evaluación

Práctica independiente

Usa los modelos para completar los problemas.

2. Arón recogió 3 juguetes y luego recogió 8 más. ¿Cuántos juguetes recogió Arón en total?

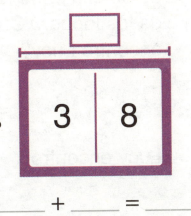

____ + ____ = ____

Arón recogió ____ juguetes en total.

3. Javier hizo 5 vasos de fruta menos que Sandi. Sandi hizo 11 vasos de fruta. ¿Cuántos vasos de fruta hizo Javier?

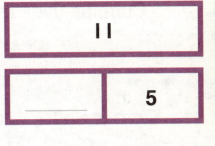

____ − ____ = ____

Javier hizo ____ vasos de fruta.

Escribe el número que falta en el modelo y en la ecuación. Escoge una suma o una resta para resolver el problema.

4. Héctor tiene 5 botones menos que Tere. Héctor tiene 7 botones. ¿Cuántos botones tiene Tere?

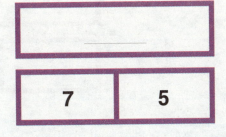

____  ____ = ____ botones

5. Marcos llama a algunas personas. Ana llama a 8 personas. Entre los dos, llaman a 17 personas en total. ¿A cuántas personas llamó Marcos?

____ ◯ ____ = ____ personas

Tema 5 | Lección 6

Resolución de problemas — Resuelve los siguientes problemas.

6. Entender Cora tiene algunas uvas. Le da 5 a Ana. Ahora Cora tiene 7 uvas. ¿Cuántas uvas tenía Cora antes?

_____ ◯ _____ = _____

Cora tenía _____ uvas antes.

7. Entender Lucy y Toño encontraron 15 tapas de botella entre los dos. Toño encontró 7 de las tapas. ¿Cuántas tapas de botella encontró Lucy?

_____ ◯ _____ = _____

Lucy encontró _____ tapas de botella.

8. Razonamiento de orden superior Dibuja un modelo para mostrar la ecuación. Luego, escribe y resuelve la ecuación.

$$16 - 10 = \underline{\ ?\ }$$

_____ − _____ = _____

9. ☑ Práctica para la evaluación Tito tiene 3 mascotas más que Eva.
Tito tiene 7 mascotas. ¿Cuántas mascotas tiene Eva? Usa el modelo para resolver el problema.

7

_____	3

_____ ◯ _____ = _____

Ana tiene _____ mascotas.

236 doscientos treinta y seis   Tema 5 | Lección 6

Nombre _____

Resuélvelo y coméntalo

Escribe una ecuación verdadera que tenga un número de un lado y tres números del otro lado. Cada número debe ser diferente. Explica tu razonamiento.

____ = ____ + ____ + ____

Resolución de problemas

Lección 5-7
Precisión

Puedo...
entender que el signo igual significa "el mismo valor que" y que usaré un lenguaje preciso para hablar sobre ello.

También puedo sumar y restar hasta el 20.

Hábitos de razonamiento

¿Estoy usando los números y los signos correctamente?

¿Es clara mi respuesta?

Tema 5 | Lección 7   En línea | SavvasRealize.com   doscientos treinta y siete **237**

Puente de aprendizaje visual

¿Qué número puedes escribir para hacer la ecuación verdadera?

14 = 5 + ____ + 8

"El signo igual significa 'el mismo valor que'."

¿Cómo puedo ser preciso al resolver este problema?

"Puedo usar las palabras, los números y los signos correctamente."

"14 tiene el mismo valor que 5 más 8 más otro número."

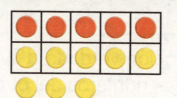

5 + 8 = 13, por tanto, 14 = 13 + ___.

"13 + 1 = 14; por tanto, 1 es el número que faltaba."

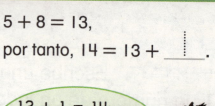

14 = 5 + ___ + 8

¡Convénceme! ¿Es verdadera o falsa la siguiente ecuación? ¿Cómo lo sabes?

10 + 5 = 9 + 3 + 3

Práctica guiada  Escribe el signo (+, − o =) o el número que haga la ecuación verdadera. Luego, di cómo sabes que hallaste el signo o el número correcto.

1. 3 + 8 = 4 + [7]

2. 4 + 3 + [ ] = 13

238 doscientos treinta y ocho

Tema 5 | Lección 7

Nombre _____

Práctica independiente Escribe el signo (+, − o =) o el número que haga cada ecuación verdadera. Luego, di cómo sabes que hallaste el signo o el número correcto.

3. 19 ◯ 10 = 9

4. 20 = ☐ + 5 + 5

5. 10 + 1 ◯ 6 + 5

6. 9 − 2 = 10 ◯ 3

7. **Álgebra** Escribe el número que falta en la siguiente ecuación. Explica cómo lo sabes.

42 + 55 = 55 + ☐

Piensa en el significado de los signos.

Tema 5 | Lección 7

Resolución de problemas

 Tarea de rendimiento

Fiesta de globos Daniel tiene 7 globos verdes y 4 amarillos. Gaby tiene 15 globos azules.

8. **Explicar** Si Gaby regala 4 globos, entonces ella y Daniel tendrán la misma cantidad de globos. Escribe en los círculos +, − o = para hacer la ecuación verdadera.

   7 ◯ 4 ◯ 15 ◯ 4

   Explica por qué escogiste esos signos.

   _____
   _____
   _____

   ¿Cómo sabes que la ecuación es verdadera?

   _____
   _____

9. **Hacerlo con precisión** Si Gaby se queda con sus 15 globos, ¿cuántos globos tendría que comprar Daniel para tener la misma cantidad que Gaby? Completa la ecuación para hallar la respuesta.

   7 ◯ 4 ◯ ____ ◯ 15

   ¿Usaste los números y signos correctamente? Explica cómo lo sabes.

   _____
   _____

Nombre _____

TEMA 5 — Actividad de práctica de fluidez

Trabaja con un compañero. Necesitan papel y lápiz. Cada uno escoge un color diferente: celeste o azul.

El compañero 1 y el compañero 2 apuntan a uno de los números negros al mismo tiempo. Resta el número del compañero 1 del número del compañero 2.

Si la respuesta está en tu color, anota una marca de conteo. Sigan hasta que uno tenga doce marcas de conteo.

Puedo... sumar y restar hasta el 10.

También puedo construir argumentos matemáticos.

Tema 5 | Actividad de práctica de fluidez   doscientos cuarenta y uno **241**

TEMA 5 — Repaso del vocabulario

Lista de palabras
- ecuación
- más
- restar
- sumar

Comprender el vocabulario

1. Encierra en un círculo **Verdadero** o **Falso** para la siguiente ecuación de suma.

   $$4 + 6 = 5 + 2 + 3$$

   Verdadero   Falso

2. Encierra en un círculo **Verdadero** o **Falso** para la siguiente ecuación de resta.

   $$10 = 11 - 2$$

   Verdadero   Falso

3. Escribe el número que necesitas sumar para hacer la ecuación verdadera.

   $$7 - 3 = 2 + \underline{}$$

4. Escribe el número que necesitas sumar para hacer la ecuación verdadera.

   $$\underline{} + 4 + 2 = 10$$

5. Escribe el número que necesitas restar para hacer la ecuación verdadera.

   $$9 = 10 - \underline{}$$

Usar el vocabulario al escribir

Escribe un problema-cuento con una ecuación verdadera. Usa al menos dos palabras de la Lista de palabras.

Nombre _____

TEMA 5

Refuerzo

Grupo A

Resuelve la ecuación para saber si es Verdadera o Falsa.

$$6 + 5 = 3 + 8$$

Resuelve un lado primero. $6 + 5 = 11$
Resuelve el otro lado. $3 + 8 = 11$

$$11 = 11$$

Esta ecuación es **Verdadera**.

Indica si cada ecuación es **Verdadera** o **Falsa**.

1. $8 - 5 = 4 + 1$

   Verdadera   **Falsa**

2. $3 + 1 = 12 - 8$

   Verdadera   **Falsa**

Grupo B

Escribe el número que falta para hacer la ecuación verdadera.

$4 + 7 = 6 + $ _____

Los dos lados deben ser iguales.

$4 + 7 = 11$

Por tanto, $6 + \underline{5} = 11$.

El número que falta es 5.

$4 + 7 = 6 + \underline{5}$

Halla y escribe los números que faltan para hacer las ecuaciones verdaderas.

3. $11 = $ _____ $+ 4$

4. _____ $- 4 = 5$

5. $10 + 5 = 6 + $ _____

6. $9 - $ _____ $= 13 - 10$

7. $14 - $ _____ $= 2 + 2$

Grupo C

Puedes sumar tres números en cualquier orden. 2 + 8 + 2 = ___?

Forma 10 y luego suma 2.
(2) + (8) + 2 = 12

Haz un doble y luego suma 8.
(2) + 8 + (2) = 12

Halla la suma. Resuelve en cualquier orden.

8. 5 + 5 + 4 = ___
9. 9 + 5 + 1 = ___
10. 6 + 4 + 4 = ___
11. 3 + 3 + 5 = ___

Grupo D

Hábitos de razonamiento

Hacerlo con precisión

¿Estoy usando los números y los signos correctamente?

¿Estoy sumando y restando con precisión?

Escribe el signo (+, − o =) o el número que haga la ecuación verdadera. Luego, explica cómo sabes que escogiste el signo o el número correcto.

12. 10 − 5 = 2 ◯ 3

___

13. 4 + 5 = 10 ◯ 1

___

Nombre _____

1. **A.** Completa el modelo. Luego, escribe el número que falta en la ecuación.

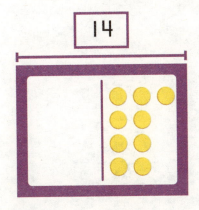

14 = ____ + 9

B. La suma de la ecuación aumentó en 3 para obtener 17 = ☐ + 9.
¿Cuál es el número que falta?

17 = ____ + 9

2. **A.** ¿Qué número falta?

16 − __?__ = 2 + 6

Ⓐ 10
Ⓑ 9
Ⓒ 8
Ⓓ 7

B. Escribe los números que faltan para que cada ecuación sea verdadera.

16 − ____ = 2 + 7

16 − ____ = 2 + 8

16 − ____ = 2 + 9

3. Indica si la ecuación es **Verdadera** o **Falsa**.

4 + 7 = 13 − 3

Verdadera   **Falsa**

4. Licha tiene 2 perros y 3 gatos. ¿Cuántas mascotas más necesita si quiere tener 11 mascotas en total?

____ mascotas más.

5. Beto tiene 10 manzanas. Usó 8 para hacer pastelillos. Lalo tiene 6 manzanas. ¿Cuántas manzanas debe usar Lalo para que le quede la misma cantidad de manzanas que a Beto?

$10 - 8 = 6 -$ _____

_____ manzanas

6. Melisa, Tom y Nicol quieren jugar tenis. Melisa tiene 5 pelotas de tenis, Tom tiene 5 pelotas. ¿Cuántas pelotas de tenis tiene Nicol si tienen 13 pelotas en total?

Ⓐ 3

Ⓑ 4

Ⓒ 5

Ⓓ 6

7. En un juego de fútbol, Andrés anotó 3 goles menos que Elisa.
Elisa anotó 9 goles.
¿Cuántos goles anotó Andrés?
Completa el diagrama de barras y escribe una ecuación que represente el cuento.

9

_____	3

_____ ◯ _____ = _____

_____ goles

8. Escribe el signo que falta (+, − o =) para hacer la ecuación verdadera. Usa un lenguaje preciso de matemáticas para explicar cómo escogiste el signo.

$16 = 4 + 8 \bigcirc 4$

_____

_____

_____

Nombre _____

El florero de mamá

Elsa y su hermano David pusieron unas flores en un florero para su mamá.

5 rosas

5 margaritas

5 claveles

5 lirios

1. Completa la siguiente ecuación para mostrar cuántos lirios y rosas hay. Usa números y signos (+, −, =).

   ____ + 5 ◯ ____

2. ¿Cuántas rosas, margaritas y claveles pusieron en el florero?

   Escribe una ecuación para resolver.

   ____ + ____ + ____ = ____

   Explica cómo sumaste.
   Usa dibujos, números o palabras.

Tema 5 | Tarea de rendimiento   doscientos cuarenta y siete **247**

3. Elsa pone las rosas y las margaritas en el florero. David pone los claveles y los lirios en el florero. ¿Pusieron Elsa y David la misma cantidad de flores en el florero?

Completa la ecuación.

_____ + _____ = _____ + _____

Escribe los números que faltan.

Elsa puso _____ flores en el florero.

David puso _____ flores en el florero.

¿Pusieron Elsa y David la misma cantidad de flores en el florero? Encierra en un círculo **Sí** o **No**.

Sí   **No**

4. David dice que hay 3 margaritas más que claveles. ¿Qué ecuación puede usar para saber si tiene razón?

5 ◯ _____ ◯ _____

5. Elsa dice que si hubiera 2 lirios menos, la cantidad de lirios sería igual a la cantidad de margaritas. Elsa escribe la siguiente ecuación. ¿Es la ecuación verdadera o falsa? Explica cómo lo sabes.

$8 - 2 = 5$

_____

_____

6. Elsa y David compran más claveles. Ahora tienen 10 en total. ¿Cuántos claveles compraron? Completa la ecuación usando +, − o =.

10 ◯ 2 ◯ 8 _____ claveles más

Usa un lenguaje preciso de matemáticas para explicar cómo escogiste el signo.

_____

_____

_____

_____

248 doscientos cuarenta y ocho   Copyright © Savvas Learning Company LLC. All Rights Reserved.   **Tema 5** | Tarea de rendimiento

TEMA 6: Representar e interpretar datos

Pregunta esencial: ¿De qué maneras puedes reunir, mostrar y entender los datos?

Recursos digitales
- Libro del estudiante
- Aprendizaje visual
- Práctica
- Evaluación
- Herramientas
- Glosario

Hay muchos tipos de teléfonos.

El primer teléfono se inventó hace más de 100 años.

¡Increíble! Hagamos este proyecto para aprender más.

Proyecto de enVision STEM: Diferentes tipos de teléfonos

Investigar Habla con tu familia y tus amigos sobre los teléfonos que usan. Pregúntales cómo han cambiado los teléfonos durante su vida.

Diario: Hacer un libro Muestra lo que encontraste. En tu libro, también:
- haz dibujos de varios tipos de teléfonos. ¿Cuál crees que es mejor para hacer llamadas?
- busca información sobre los tipos de teléfonos que la gente usa.

doscientos cuarenta y nueve 249

Nombre _____

Repasa lo que sabes

Vocabulario

1. Encierra en un círculo los cubos que hacen verdadera la **ecuación**.

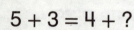

$5 + 3 = 4 + ?$

Escribe los números que indican cuántas frutas hay. Luego, encierra en un círculo el grupo con **menos** frutas.

_____   _____
_ _ _ _   _ _ _ _
_____   _____

2. Escribe los números que indican cuántas pelotas hay. Luego, encierra en un círculo el grupo con **más** pelotas.

_____   _____
_ _ _ _   _ _ _ _
_____   _____

Hallar la parte que falta

3. Escribe el número que hace que la ecuación sea verdadera.

$15 - 8 = \underline{} + 1$

4. Escribe los números que faltan.

$5 + 3 + 2 = \underline{}$

$9 + \underline{} + 7 = 17$

Sumas de casi dobles

5. Escribe el número que falta para resolver esta suma de casi dobles.

$7 + \underline{} = 15$

Nombre _____

PROYECTO 6A

¿Cuál es tu perro favorito?

Proyecto: Crea una representación de datos de mascotas

PROYECTO 6B

¿El arte es todo igual?

Proyecto: Haz un cartel de arte

Tema 6 | Escoge un proyecto

doscientos cincuenta y uno 251

PROYECTO 6C

¿Qué te gusta vestir?

Proyecto: Dibuja tu vestimenta

PROYECTO 6D

¿Cómo lucen las conchas marinas en la playa?

Proyecto: Haz un modelo de tus conchas marinas

Nombre _____

Lección 6-1
Organizar datos en tres categorías

Resuélvelo y coméntalo
Sandra quiere mostrarle a un amigo cuántos crayones tiene de cada color. ¿Cómo lo puede hacer? Muestra una manera.

Puedo... organizar los datos en categorías.

También puedo representar con modelos matemáticos.

Tema 6 | Lección 1

En línea | SavvasRealize.com

doscientos cincuenta y tres **253**

Puente de aprendizaje visual

Estas son las **marcas de conteo**.
Hay 3 marcas de conteo.

Cada marca de conteo representa 1 dato.

Las marcas de conteo se cuentan de 5 en 5.

Hay 20. Cada 𝗧𝗛𝗟 representa 5 datos.

m a t e **m á t i c a s**
Escribe marcas de conteo para mostrar cuántas letras negras hay.

Hay 6 letras negras.

Puedes poner los **datos** en una **tabla de conteo**.

Negro	Rojo	Azul
𝗧𝗛𝗟 I	III	II

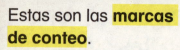

¡Convénceme! ¿De qué manera te puede ayudar una tabla de conteo con los datos que reuniste?

Práctica guiada Anota las marcas de conteo en la tabla para mostrar cuántos calcetines hay de cada color.

1.

Verde	Anaranjado	Azul
𝗧𝗛𝗟 I		

254 doscientos cincuenta y cuatro

Tema 6 | Lección 1

Nombre _____

Práctica independiente

Usa la tabla de conteo de la Práctica guiada para contestar cada pregunta.

2. ¿Qué color de calcetines tiene más marcas de conteo?

_____

3. ¿Cuántos calcetines azules hay?

Hay ____ calcetines azules.

4. ¿Cuántos calcetines hay en total?

Hay ____ calcetines

Usa la siguiente tabla de conteo para contestar cada pregunta.

Armario de Saúl

Camisetas	Pantalones cortos	Zapatos
𝍫 II	IIII	II

5. ¿Cuántos pantalones cortos tiene Saúl?

____ pantalones cortos

6. ¿De qué prenda de vestir tiene más en su clóset Saúl?

_____

---

7. **enVision® STEM** Rita anotó el tiempo que duraban diferentes tipos de zapatos. Anotó una marca de conteo por cada mes hasta que se desgastaban. ¿Qué tipo de zapatos duró más tiempo? ¿Cuántos meses hasta que se desgastó?

_____

Cantidad de meses

Tenis	Sandalias	Mocasines
IIII	II	𝍫

Tema 6 | Lección 1

doscientos cincuenta y cinco **255**

Resolución de problemas Usa los dibujos para resolver los siguientes problemas.

8. Haz marcas de conteo para mostrar cuántas gorras hay de cada color.

Azul	Verde	Morado

9. **Hacerlo con precisión**
¿Cómo sabes que hay menos gorras moradas?

Piensa en la definición de menos.

10. **Razonamiento de orden superior**
Escribe y contesta tu pregunta sobre la tabla de conteo del Ejercicio 8.

11. **Práctica para la evaluación** Usa la tabla de conteo del Ejercicio 8. ¿Qué dos oraciones son verdaderas?

☐ Hay 12 gorras azules.

☐ Hay 7 gorras verdes.

☐ Hay 3 gorras moradas.

☐ Hay 12 gorras en total.

256 doscientos cincuenta y seis

Tema 6 | Lección 1

Nombre _____

Lección 6-2
Reunir y representar datos

Resuélvelo y coméntalo

¿Cuál es tu actividad favorita al aire libre? Pide a varios compañeros que escojan entre Saltar la cuerda, Jugar básquetbol o Montar en bicicleta. Completa la tabla de conteo para mostrar tus datos. Luego, contesta las preguntas.

Puedo... reunir información y organizarla, usando una pictografía.

También puedo representar con modelos matemáticos.

Actividad favorita al aire libre	
Saltar la cuerda	
Jugar básquetbol	
Montar en bicicleta	

1. ¿Qué actividad tiene menos votos? _____
2. ¿Qué actividad tiene más votos? _____

Tema 6 | Lección 2   En línea | SavvasRealize.com   doscientos cincuenta y siete **257**

Puente de aprendizaje visual

Nico les hizo una **encuesta** a 9 amigos.

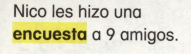

¿Cuál es tu deporte favorito? ¿Básquetbol, fútbol o béisbol?

Nico hace 1 marca de conteo por cada respuesta de sus amigos.

Deporte favorito	
🏀 Básquetbol	III
⚽ Fútbol	|||||
⚾ Béisbol	I

Nico usó los datos de la tabla de conteo para hacer una **pictografía**.

Deporte favorito						
🏀 Básquetbol	🏀	🏀	🏀			
⚽ Fútbol	⚽	⚽	⚽	⚽	⚽	
⚾ Béisbol	⚾					

Mira los dibujos. El fútbol es el que más votos tiene.

¡Convénceme! Mira la pictografía de **Deporte favorito** arriba. ¿Qué deporte les gusta menos a los amigos de Nico? ¿Cómo lo sabes?

Práctica guiada Pablo les hizo una encuesta a sus amigos. Usa los datos que reunió para hacer una pictografía.

1.

Fruta favorita

Pera 🍐	Plátano 🍌	Manzana 🍎
||||| III	III	|||||

Fruta favorita								
🍐 Pera	🍐	🍐	🍐	🍐	🍐	🍐	🍐	🍐
🍌 Plátano								
🍎 Manzana								

258 doscientos cincuenta y ocho

Nombre _____

Herramientas **Evaluación**

☆ Práctica independiente ☆
Usa los datos de la tabla de conteo para hacer una pictografía.
Luego, contesta cada pregunta.

2.

Actividad preferida en un día lluvioso

Juegos	Pintar	Leer
↑↑↑↑ II	III	↑↑↑↑ I

Actividad preferida en un día lluvioso

Juegos						
Pintar						
Leer						

3. ¿Cuál es la actividad preferida?

_____

4. ¿Cuántos estudiantes escogieron leer?

_____ estudiantes

5. **Razonamiento de orden superior** Mira la pictografía que hiciste
para el Ejercicio 2. Escribe dos oraciones verdaderas sobre los datos.

_____

_____

_____

Tema 6 | Lección 2

doscientos cincuenta y nueve **259**

Resolución de problemas

Resuelve cada problema. Escribe las operaciones relacionadas de suma y resta para ayudarte.

6. Representar Gaby les preguntó a sus amigas cuál era su instrumento musical favorito. Luego, hizo una tabla de conteo con sus respuestas. Usa sus datos para hacer una pictografía.

Instrumento musical favorito

Guitarra	Tambor	Flauta
卌	|||	||||

Instrumento musical favorito

Guitarra					
Tambor					
Flauta					

7. Razonamiento de orden superior ¿Cuántos estudiantes votaron en total? _____ estudiantes Escribe una ecuación para mostrar tu respuesta.

_____ = _____ + _____ + _____

8. ☑ Práctica para la evaluación ¿Qué instrumento musical recibió más votos?

Ⓐ Guitarra

Ⓑ Piano

Ⓒ Flauta

Ⓓ Tambor

9. ☑ Práctica para la evaluación ¿A cuántos estudiantes les gusta la flauta?

Ⓐ 5 estudiantes

Ⓑ 4 estudiantes

Ⓒ 3 estudiantes

Ⓓ 2 estudiantes

Nombre _____

Lección 6-3
Interpretar datos

Resuélvelo y coméntalo Les preguntaron a 12 estudiantes: "¿Qué verdura te gusta comer más en el almuerzo?". Esta lista muestra las respuestas.

Completa la tabla de conteo y la pictografía para mostrar los datos. ¿Qué te dicen estos datos sobre lo que les gusta a los estudiantes?

Puedo...
interpretar datos organizados.

También puedo hacer mi trabajo con precisión.

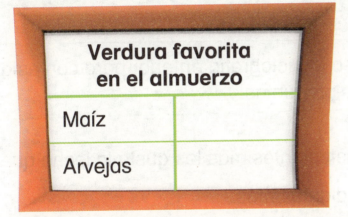

Verdura favorita en el almuerzo

Maíz	
Arvejas	

Maíz   Maíz
Arvejas   Maíz
Arvejas   Arvejas
Maíz   Arvejas
Arvejas   Maíz
Maíz   Maíz

Verdura favorita en el almuerzo

Maíz										
Arvejas										

Tema 6 | Lección 3 · En línea | SavvasRealize.com · doscientos sesenta y uno **261**

Puente de aprendizaje visual

La pictografía muestra a cuántos estudiantes les gusta tomar leche, agua o jugo con su almuerzo. ¿Qué te dice la gráfica sobre lo que les gusta tomar a los estudiantes en el almuerzo?

Bebidas para el almuerzo

Leche						
Agua						
Jugo						

Puedo contar y comparar lo que a los estudiantes les gusta tomar.

A 6 estudiantes les gusta la leche. A 3 estudiantes les gusta el jugo. Solamente a 1 estudiante le gusta el agua.

La gráfica me dice que a más estudiantes les gusta tomar leche que jugo o agua con su almuerzo.

¡Convénceme! ¿Qué otra información sabes acerca de lo que a los estudiantes les gusta tomar con su almuerzo?

☆Práctica guiada☆

Usa la pictografía anterior para contestar las preguntas.

1. ¿A cuántos estudiantes más les gusta la leche que el jugo?

A __3__ estudiantes más

2. ¿A cuántos estudiantes menos les gusta el agua que la leche?

A _____ estudiantes menos

3. ¿A cuántos estudiantes más les gusta el jugo que el agua?

A _____ estudiantes más

Nombre _____

Práctica independiente
Usa los datos de la tabla de conteo para contestar cada pregunta.

4. Usa los datos de la tabla de conteo para hacer una pictografía.

Nuestros colores favoritos

Rojo	Azul	Morado
IIII	IIII II	IIII III

5. ¿A cuántos estudiantes más les gusta el morado que el rojo?

A _____ estudiantes más

6. ¿Cuál es el color favorito de la mayoría de los estudiantes?

_____

Nuestros colores favoritos

7. Álgebra 2 estudiantes cambiaron su voto de azul a rojo. Usa esta ecuación para determinar a cuántos estudiantes menos les gusta el rojo que el morado.

_____ + 6 = 8

_____ estudiantes menos

8. Razonamiento de orden superior
Escribe una pregunta sobre los datos de la pictografía y contéstala.

_____

_____

Tema 6 | Lección 3   doscientos sesenta y tres **263**

Resolución de problemas
Resuelve cada problema.

9. Mira la tabla de conteo.

Nuestras mascotas

Perros	Gatos	Peces
🐕	🐈	🐠
卌 I	III	II

¿Cuántos amigos tienen perros?

_____

¿Cuántos amigos tienen peces?

_____

10. Hacerlo con precisión Mira la pictografía.

¿Cuántos amigos más tienen perros que peces? _____

¿Cuántos amigos menos tienen gatos que perros o peces? _____

Piensa en el significado de *más* y *menos*.

Nuestras mascotas

Perros	Gatos	Peces
🐕		
🐕		
🐕		
🐕	🐈	
🐕	🐈	🐠
🐕	🐈	🐠
🐕	🐈	🐠

11. Razonamiento de orden superior
Mira la tabla de conteo del Ejercicio 9.
¿Cuántos amigos tienen mascotas?
Escribe una ecuación para mostrar tu trabajo.

_____

_____

12. ☑ **Práctica para la evaluación**
¿Qué pregunta **NO** se puede contestar con los datos del Ejercicio 10?

Ⓐ ¿Cuántos amigos tienen gatos?

Ⓑ ¿Cuántos amigos tienen hámsters?

Ⓒ ¿Cuántos amigos menos tienen peces que perros?

Ⓓ ¿Cuántos amigos más tienen perros que gatos?

264 doscientos sesenta y cuatro   Copyright © Savvas Learning Company LLC. All Rights Reserved.   **Tema 6** | Lección 3

Nombre _____

Resuélvelo y coméntalo

En el parque, Susana ve 13 animales. 9 son pájaros y el resto son conejos. ¿Cómo puede Susana completar la tabla para mostrar los animales? Muestra tu trabajo.

Lección 6-4
Más sobre interpretar datos

Puedo... usar pictografías para interpretar datos.

También puedo razonar sobre las matemáticas.

Pájaros	Conejos
🐦🐦🐦 🐦🐦🐦 🐦🐦🐦	

Tema 6 | Lección 4

Puente de aprendizaje visual

Aby les preguntó a 12 estudiantes qué les gustaba más: el brócoli o las zanahorias.

5 escogieron brócoli y el resto escogió zanahorias.

¿Cuántos estudiantes escogieron las zanahorias?

Usa la tabla de conteo para hallar el dato que falta.

Puedo contar hasta 12. Por tanto, 7 estudiantes escogieron zanahorias.

¿**Cuántos estudiantes más o menos que los que escogieron el brócoli escogieron las zanahorias?**

Puedes hacer un pictograma o escribir una ecuación para comparar.

$7 - 5 = \underline{2}$

2 estudiantes más escogieron las zanahorias.

¡Convénceme! ¿Cómo supo Aby que tenía que contar de 5 a 12 en el problema anterior?

 **Práctica guiada**   Haz los dibujos que faltan en la pictografía. Luego, usa la gráfica para resolver el problema.

1.

Emilio les pregunta a 9 familiares cuál es su fruta favorita.
6 personas le dicen que les gustan las naranjas.
Al resto le gustan las manzanas.
¿A cuántas personas les gustan las manzanas?
A ____ personas

266 doscientos sesenta y seis

Nombre _____

Práctica independiente
Usa las gráficas para contestar las preguntas. Completa las tablas con los datos que faltan.

2. El estante de una tienda tiene 11 animales de peluche. Hay 5 osos de peluche y el resto son pingüinos de peluche.

¿Cuántos pingüinos de peluche hay en el estante?

Animales de peluche en la tienda

_____ pingüinos de peluche

3. Gustavo juega 17 partidos en la temporada. 9 partidos son de fútbol y el resto de béisbol.

¿Cuántos partidos de béisbol juega Gustavo en una temporada?

Partidos de Gustavo

_____ partidos de béisbol

4. Sentido numérico La clase de Ruth hizo una gráfica sobre dos de sus tipos de películas favoritas.

¿Cuántos estudiantes contestaron la encuesta?

_____ estudiantes

Tipo favorito de película

De risa	De miedo
llll llll	llll llll

Tema 6 | Lección 4

doscientos sesenta y siete **267**

Resolución de problemas

Usa las gráficas y la tabla para contestar las preguntas. Complétalas con los datos que faltan.

5. Razonar Jaime hizo una gráfica donde registra el estado del tiempo cada día. Se olvidó de anotar 3 días soleados. ¿Hubo más días soleados o más días nublados?

_____

Tiempo

Soleado	☀	☀	☀	☀			
Nublado	☁	☁	☁	☁	☁	☁	

6. Razonamiento de orden superior

Ricardo les preguntó a 20 estudiantes cuál era su materia favorita. Ricardo no anotó las respuestas de los estudiantes que escogieron Ciencias.

Anota las marcas de conteo que faltan. Explica cómo sabes que anotaste la cantidad de marcas correcta.

Lectura	Matemáticas	Ciencias	Estudios sociales
卌	卌 III		III

7. ☑ Práctica para la evaluación

Margarita les preguntó a 9 estudiantes qué animal les gustaba más: los gatos o los perros. 4 escogieron gatos y el resto escogió perros.

¿Cuántos escogieron perros? Ayuda a Margarita a terminar su gráfica.

_____ estudiantes

Animal favorito

Gato	🐱	🐱	🐱	🐱			
Perro	🐶	🐶	🐶				

Nombre _____

Resuélvelo y coméntalo Carmen les pregunta a 12 estudiantes si prefieren los pulpos, las ballenas o los tiburones. La tabla de conteo muestra sus respuestas.

¿Cuántos estudiantes necesitarían cambiar su voto de ballenas a tiburones para hacer que los tiburones sean los favoritos? Completa la nueva tabla para explicarlo.

Resolución de problemas

Lección 6-5
Entender y perseverar

Puedo...
perseverar para resolver problemas sobre los datos.

También puedo sumar y restar usando los datos.

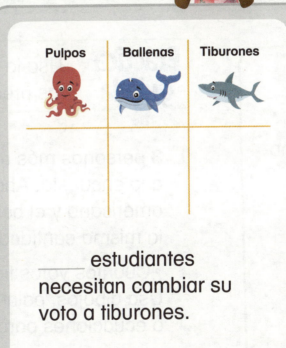

_____ estudiantes necesitan cambiar su voto a tiburones.

Hábitos de razonamiento

¿Qué necesito hallar?

¿Qué sé?

Tema 6 | Lección 5 · En línea | SavvasRealize.com · doscientos sesenta y nueve **269**

Puente de aprendizaje visual

Sara les preguntó a 15 personas si les gustaba el fútbol americano o el béisbol. 1 persona más escogió fútbol americano que béisbol.

¿Cuántas personas escogieron cada deporte? ¿Cómo se vería la tabla de conteo?

¿Cuál es mi plan para resolver este problema?

Puedo...
- pensar en lo que ya sé.
- pensar en lo que necesito hallar.

Piensa en todas las distintas maneras que conoces para sumar 15.

$7 + 8 = 15$
$9 + 6 = 15$
$10 + 5 = 15$

7 más 8 suman 15 y 8 es 1 más que 7.

Por tanto, 8 personas escogieron fútbol americano y 7 personas escogieron béisbol.

Deporte favorito

Béisbol	Fútbol americano
𝍪 ||	𝍪 |||

¡Convénceme! Para la encuesta anterior, ¿por qué no podría ser que 9 escogieron fútbol americano y 6 escogieron béisbol?

★ Práctica guiada ★

Usa la tabla de conteo para contestar las preguntas.

1. 3 personas más respondieron a la encuesta. Ahora, el fútbol americano y el béisbol tienen la misma cantidad de votos.

   ¿Cuántos votos tiene cada uno? Usa dibujos, palabras o ecuaciones para explicarlo.

Deporte favorito

Béisbol	Fútbol americano
𝍪 |||	𝍪 |||

270 doscientos setenta

Tema 6 | Lección 5

Nombre _____

Práctica independiente
Usa la tabla y la gráfica para resolver los siguientes problemas.

Lorena les preguntó a 18 estudiantes si les gustaba tomar leche, agua o jugo con su almuerzo. A 7 estudiantes les gusta tomar leche, a 3 estudiantes les gusta tomar agua y al resto de los estudiantes les gusta tomar jugo.

Bebidas del almuerzo

Leche	Agua	Jugo

2. ¿A cuántos estudiantes les gusta tomar jugo? Completa la tabla de conteo para resolver el problema.

A _____ estudiantes les gusta tomar jugo.

3. ¿Cuál es la bebida preferida de los estudiantes?

_____

4. Al día siguiente, Lorena les hizo la misma pregunta. 3 estudiantes cambiaron su respuesta de jugo a agua. ¿Cuál es la bebida preferida ahora?

_____

5. **Vocabulario** Lorena anota los resultados de su nueva **encuesta** en la siguiente pictografía. Completa la gráfica para mostrar a cuántos estudiantes les gusta el jugo.

Bebidas del almuerzo

Leche	🥛	🥛	🥛	🥛	🥛	🥛	🥛	
Agua	💧	💧	💧	💧	💧	💧		
Jugo								

Haz dibujos para mostrar los datos.

Tema 6 | Lección 5 — doscientos setenta y uno **271**

Resolución de problemas

Tarea de rendimiento

Ir a la escuela Ivón les preguntó a 14 compañeros si ellos tomaban el autobús, caminaban o iban en carro a la escuela.

4 compañeros van en carro. De los otros compañeros, la misma cantidad toma el autobús o camina a la escuela.

Ir a la escuela

Autobús	Caminar	Carro
		IIII

6. **Entender** ¿Cómo puedes saber cuántos estudiantes toman el autobús o caminan a la escuela?

_____

_____

_____

7. **Representar** Completa la tabla de conteo para mostrar cuántos compañeros de Ivón votaron. Escribe una ecuación para mostrar cuántos caminaron o tomaron el autobús para ir a la escuela.

____ ◯ ____ ◯ ____

8. **Explicar** ¿Cómo sabes que tus respuestas son correctas? Usa dibujos, palabras o ecuaciones para explicarlo.

_____

_____

_____

Nombre _____

TEMA 6 — Actividad de práctica de fluidez

Trabaja con un compañero. Señala una pista y léela. Mira la siguiente tabla y busca la pareja de esa pista. Escribe la letra de la pista en la casilla al lado de su pareja. Halla una pareja para cada pista.

Puedo... sumar y restar hasta el 10.

También puedo construir argumentos matemáticos.

Pistas

- **A** $4 + 6$
- **B** $8 - 2$
- **C** $3 - 1$
- **D** $10 - 5$
- **E** $8 + 1$
- **F** $3 + 4$
- **G** $8 - 7$
- **H** $1 + 3$

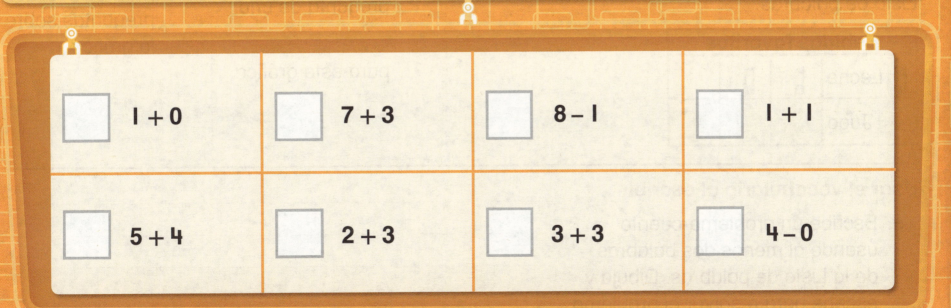

| ☐ $1 + 0$ | ☐ $7 + 3$ | ☐ $8 - 1$ | ☐ $1 + 1$ |
| ☐ $5 + 4$ | ☐ $2 + 3$ | ☐ $3 + 3$ | ☐ $4 - 0$ |

Tema 6 | Actividad de práctica de fluidez — doscientos setenta y tres **273**

TEMA 6 | Repaso del vocabulario

Lista de palabras
- datos
- encuesta
- marcas de conteo
- pictografía
- tabla de conteo

Comprender el vocabulario

Encierra en un círculo la respuesta correcta usando la imagen de la izquierda.

Azul	Rojo	Verde

1. El verde tiene _____ marcas de conteo.

   3   4   5   6

2. La imagen de la izquierda se llama _____.

   pictografía   tabla de conteo   encuesta   marca de conteo

---

Completa los espacios en blanco de las oraciones usando las palabras de la Lista de palabras.

Bebidas favoritas

| Leche | 🥛 | 🥛 | 🥛 | |
| Jugo | 🧃 | 🧃 | 🧃 | 🧃 |

3. A esta gráfica se le llama _____.

4. "¿Cuál es tu bebida favorita?" podría ser la pregunta de una _____ para esta gráfica.

5. Puedes usar los _____ para contestar preguntas sobre la gráfica.

Usar el vocabulario al escribir

6. Escribe un problema-cuento usando al menos dos palabras de la Lista de palabras. Dibuja y escribe para resolver el problema.

_____
_____
_____
_____

274 doscientos setenta y cuatro

Nombre _____

Grupo A

Puedes reunir y agrupar datos en una tabla.

Jaime les pregunta a 10 amigos qué comida del día se tardan más en comer.

Comida más larga

Desayuno	Almuerzo	Cena
III	I	~~IIII~~ I

Cada marca de conteo es la respuesta de un amigo.

La siguiente gráfica muestra los datos de Jaime usando objetos.

Comida más larga

Desayuno 🟥🟥🟥
Almuerzo 🟨
Cena 🟦🟦🟦🟦🟦🟦

Cada 🟦 es la respuesta de un amigo.

3 amigos dijeron que el desayuno era la comida más larga.

Refuerzo

Usa los datos de la encuesta de Jaime para resolver cada problema.

1. ¿Cuántos amigos dijeron que la cena era su comida más larga?

   ____ amigos

2. ¿Cuántos amigos dijeron que el desayuno o la cena eran las comidas más largas?

   ____ amigos

Escribe una ecuación para contestar cada pregunta.

3. ¿Cuántos amigos más escogieron desayuno que almuerzo?

   ____ – ____ = ____   ____ más

4. ¿Cuántos amigos más escogieron cena que desayuno?

   ____ – ____ = ____   ____ más

Tema 6 | Refuerzo

Grupo B

Puedes usar datos de la pictografía para hacer preguntas y contestarlas.

Mari les pregunta a 16 amigos cuál es su actividad favorita. Luego, anota las respuestas en una gráfica.

Actividad favorita							
Fútbol	⚽	⚽	⚽	⚽			
Tenis	🎾	🎾	🎾	🎾	🎾	🎾	🎾
Correr	👟	👟	👟	👟	👟		

Hábitos de razonamiento

Entender y perseverar

¿Cuáles son las cantidades?

¿Qué estoy tratando de hallar?

Usa la pictografía de Mari para contestar cada pregunta.

5. ¿Cuántos amigos de Mari escogieron fútbol o correr?

   ____ − ____ = ____ o ____ + ____ = ____

6. Mari les pregunta a algunos amigos más y todos le contestan que el tenis es su actividad favorita.

   Ahora, la cantidad de niños que les gusta el tenis es igual a la cantidad de niños que les gusta el fútbol o correr.

   ¿A cuántos amigos más les preguntó Mari?

   A ____ más

   Explica cómo lo sabes.

   _____

   _____

   _____

276 doscientos setenta y seis

Tema 6 | Refuerzo

Nombre _____

1. **A.** ¿Qué grupo de marcas de conteo muestra la cantidad de gorras que hay en la pictografía?

Ⓐ	Ⓑ	Ⓒ	Ⓓ

B. ¿Cuántos guantes más se deben agregar para tener más guantes que gorras?

0	1	2	3
Ⓐ	Ⓑ	Ⓒ	Ⓓ

2. Usa la pictografía para contestar las preguntas.

   A. ¿Cuál de los siguientes enunciados es verdadero? Selecciona tres que apliquen.

   ☐ Hay 2 pingüinos más que osos.

   ☐ Hay 2 osos menos que pingüinos.

   ☐ Hay más osos que pingüinos.

   ☐ Hay 8 osos y pingüinos.

   ☐ Hay 5 osos más que pingüinos.

   B. Agregamos un tercer animal. Hay 2 jirafas. ¿Cuántos pingüinos más que jirafas hay? Escribe una ecuación que explique tu respuesta.

Usa la tabla de conteo para resolver los problemas.

3. A. Vero hace una encuesta entre sus amigas. ¿Cuál es la actividad favorita de sus amigas en el invierno?

_____

B. ¿Cuántas más marcas necesita Patinar para ser la actividad que más marcas tenga? Usa una ecuación para explicar tu respuesta.

_____

Actividad favorita en el invierno

	Patinar	$\cancel{IIII}$
	Esquiar	III
	Trineo	$\cancel{IIII}$ II

4. A. Completa la siguiente pictografía usando la tabla del Ejercicio 3.

B. ¿Cuántas amigas de Vero contestaron la encuesta? Escribe una ecuación para mostrar tu trabajo.

____ ◯ ____ ◯ ____ = ____

____ amigas

Actividad favorita en el invierno

Patinar	⛸	⛸	⛸	⛸	⛸		
Esquiar							
Trineo							

278 doscientos setenta y ocho · Copyright © Savvas Learning Company LLC. All Rights Reserved. · **Tema 6** | Práctica para la evaluación

Nombre _____

Tarea de rendimiento

Proyecto de dinosaurios La clase de la maestra Clinton está haciendo un proyecto de dinosaurios. La tabla de conteo muestra los dinosaurios que escogieron los estudiantes.

1. ¿Cuántos estudiantes más escogieron el tiranosaurio que el triceratops? Explica cómo lo sabes. Usa dibujos, números o palabras.

Proyecto de dinosaurios

Triceratops	Tiranosaurio	Apatosaurio
𝍩 IIII	𝍩 𝍩 II	𝍩 II

2. Dos estudiantes no asistieron a la clase cuando se hizo la tabla de conteo. Al siguiente día, escogieron su dinosaurio. La maestra Clinton dice que ahora dos dinosaurios tienen la misma cantidad.

¿Qué dinosaurios escogieron los 2 estudiantes? ¿Cómo lo sabes?

_____ estudiantes más

Tema 6 | Tarea de rendimiento   doscientos setenta y nueve   **279**

3. La clase de la maestra Ramos también está haciendo un proyecto de dinosaurios. La tabla de conteo muestra los dinosaurios que escogieron los estudiantes.

Los estudiantes dibujarán sus dinosaurios en la siguiente pictografía al terminar su informe.

Completa la pictografía para mostrar cómo se verá cuando todos los estudiantes hayan terminado su informe.

Proyecto de dinosaurios

Triceratops	Tiranosaurio	Apatosaurio

4. ¿A cuántos estudiantes les falta terminar su informe sobre el tiranosaurio? ¿Cuántos necesitan terminar su informe sobre el apatosaurio? Usa dibujos, palabras o ecuaciones para explicar tus respuestas.

TEMA 7: Ampliar la sucesión de conteo

Pregunta esencial: ¿Cómo puedes usar lo que ya sabes sobre el conteo para contar más allá de 100?

- Los bebés o las crías hacen diferentes cosas que los ayudan a sobrevivir.
- Algunos lloran o hacen ruidos para hacerle saber a sus padres que necesitan algo.
- ¡Qué interesante! Hagamos este proyecto para aprender más.

Recursos digitales: Libro del estudiante, Aprendizaje visual, Práctica, Evaluación, Herramientas, Glosario

Proyecto de enVision STEM: Los animales y sus crías

Investigar Habla con tu familia y tus amigos sobre los diferentes tipos de animales y sus crías. Pídeles que te ayuden a encontrar información acerca de cómo se comunican las crías con sus padres.

Diario: Hacer un libro Muestra lo que encontraste. En tu libro, también:
- haz un dibujo de cómo los animales protegen a sus crías y de cómo las crías se comunican con sus padres.
- sal de tu casa o ve al zoológico y cuenta los animales adultos con sus crías. ¿Hasta qué número puedes contar?

Nombre _____

Repasa lo que sabes

A-Z Vocabulario

1. Encierra en un círculo la **suma** o **total** de esta ecuación.

   $17 = 9 + 8$

2. Escribe las **partes** que se muestran en este modelo.

   | 8 |

   _____ + _____

3. Encierra en un círculo la palabra que indica la parte que falta.

   $7 +$ ___?___ $= 17$

   suma o total

   igual a

   sumando

Problemas verbales

4. Mónica encontró 7 piedras. Cárol encontró 6 piedras. ¿Cuántas piedras encontraron en total?

   _____ piedras

5. Tom tiene 6 carritos y Julia tiene algunos carritos. Tienen 11 carritos en total. ¿Cuántos carritos tiene Julia?

   _____ carritos

El número que falta

6. Halla el número que falta para resolver la suma.

   _____ $= 10 + 5$

---

282 doscientos ochenta y dos

Copyright © Savvas Learning Company LLC. All Rights Reserved.

Tema 7

Nombre _____

Escoge un proyecto

¿Dónde ves calcomanías?

Proyecto: Canta una canción sobre calcomanías

¿Cuándo anotas un puntaje?

Proyecto: Haz un modelo para anotar puntajes

¿Cómo hicieron eso?

Proyecto: Haz un cartel de retazos

Tema 7 | Escoge un proyecto — doscientos ochenta y tres **283**

MATEMÁTICAS EN 3 ACTOS: VISTAZO

Representación matemática

Súper *selfie*

Video

Antes de mirar el video, piensa:

¿Alguna vez has intentado imprimir algo más grande que una hoja de papel? ¿Qué sucede si imprimes algo que no cabe en una hoja? ¿Cómo se ve?

Puedo...

representar con modelos matemáticos para resolver un problema que incluya contar y contar salteado.

Nombre _____

Resuélvelo y coméntalo

Alex puso fichas en algunos marcos de 10. ¿Cómo puedes saber cuántas fichas hay sin contar cada ficha?

Escribe la cantidad de fichas.

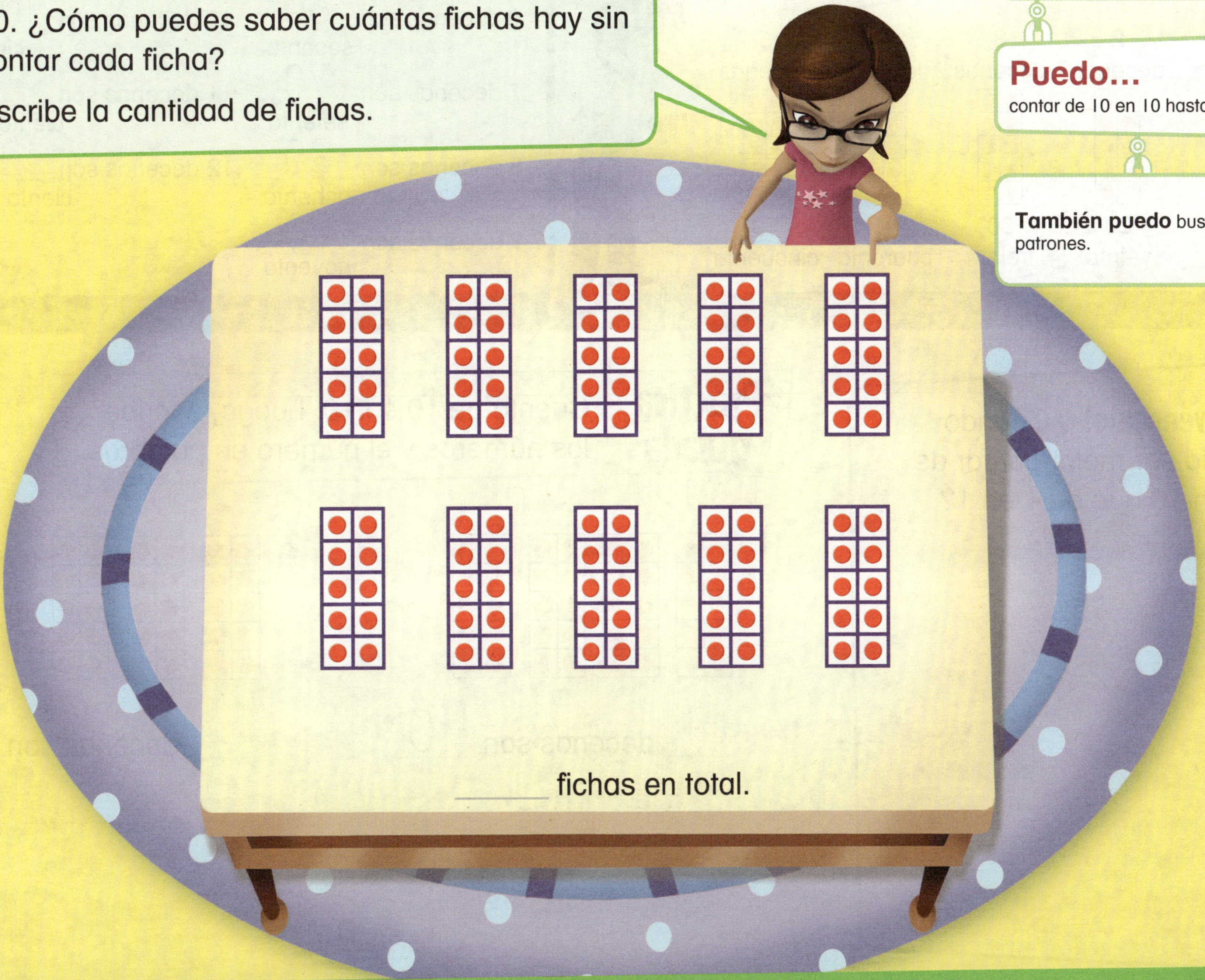

Lección 7-1

Contar de 10 en 10 hasta 120

Puedo...
contar de 10 en 10 hasta 120.

También puedo buscar patrones.

_____ fichas en total.

Tema 7 | Lección 1

En línea | SavvasRealize.com

doscientos ochenta y cinco **285**

Puente de aprendizaje visual

¿Cómo puedes contar hasta 50 de 10 en 10?

¡Puedo usar los marcos de 10 para contar de 10 en 10!

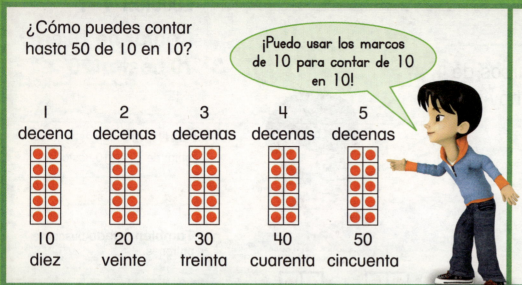

También puedes seguir un patrón para contar de 10 en 10.

6 decenas son __60__.   10 decenas son __100__.
sesenta   cien

7 decenas son __70__.   11 decenas son __110__.
setenta   ciento diez

8 decenas son __80__.   12 decenas son __120__.
ochenta   ciento veinte

9 decenas son __90__.
noventa

¡Convénceme! ¿Cuándo podría ser mejor contar de 10 en 10 que de 1 en 1?

Práctica guiada

Cuenta de 10 en 10. Luego, escribe los números y el número en palabras.

1.

   __4__ decenas son __40__.
   cuarenta

2.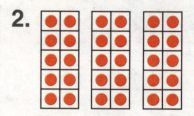

   ___ decenas son ___.

286 doscientos ochenta y seis Tema 7 | Lección 1

Nombre _____

Práctica independiente
Cuenta de 10 en 10. Escribe los números y el número en palabras.

3.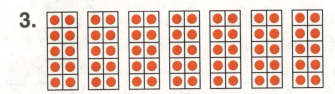

_____ decenas son _____.

_____

4.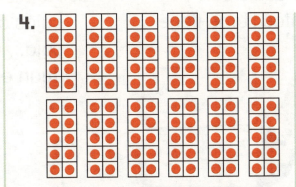

_____ decenas son _____.

_____

5.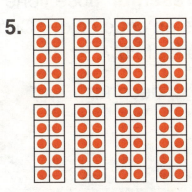

_____ decenas son _____.

_____

Escribe los números que faltan.

6. **Sentido numérico** Julián escribió un patrón de números, pero olvidó escribir algunos.

¿Qué números olvidó escribir Julián?

10, 20, 30, 40, _____, 60, _____, _____, 90, 100, _____, 120

Tema 7 | Lección 1

Resolución de problemas Dibuja fichas en los marcos de 10 para resolver cada problema. Luego, escribe los números y el número en palabras.

7. **Representar** José tiene 3 cajas con 10 libros en cada caja. ¿Cuántos libros tiene José en total?

   _____ decenas

   _____

8. **Representar** Juan tiene 4 cajas con 10 libros en cada caja. ¿Cuántos libros tiene Juan en total?

   _____ decenas

   _____

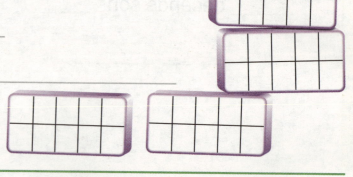

9. **Razonamiento de orden superior** Dani cuenta de 5 en 5 hasta 50. Alex cuenta de 10 en 10 hasta 50. Escribe los números que dice Dani.

   5, _____, _____, _____, _____,

   _____, _____, _____, _____, 50

   Escribe los números que dice Alex.

   10, _____, _____, _____, 50

   ¿Qué números dicen los dos niños?

   _____, _____, _____, _____, _____

10. ✓ **Práctica para la evaluación** Nadia tiene algunos libros. Los pone en pilas de 10 sin que le quede ninguno solo. ¿Qué número **no** muestra cuántos libros podría tener Nadia?

    Ⓐ 50
    Ⓑ 60
    Ⓒ 65
    Ⓓ 70

288 doscientos ochenta y ocho

Nombre _____

Lección 7-2

Contar de 1 en 1 hasta 120

Resuélvelo y coméntalo

Ayuda a Alex a decidir qué decir, luego de que Jada deje de contar.
Encierra en un círculo la respuesta correcta.
Explica cómo sabes que es la correcta.

Puedo...

contar de 1 en 1 hasta 120.

También puedo hacer mi trabajo con precisión.

98, 99, 100
____, ____, ____

¿110, 111, 112?

¿110, 120, 130?

¿101, 102, 103?

Tema 7 | Lección 2

En línea | SavvasRealize.com

doscientos ochenta y nueve **289**

Puente de aprendizaje visual

Este bloque muestra 100 partes. A este número le dices cien.

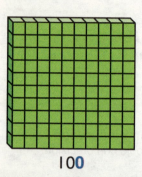

100

El siguiente número que dices es ciento uno porque ya tienes 1 ciento o centena y 1 unidad.

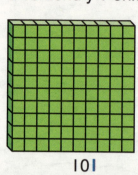

101

Cuando sigues contando, cuentas de uno en uno.

10**1**, 10**2**, 10**3**, 10**4**, 10**5**

105 significa 1 centena y 5 unidades. Dices ciento cinco.

Cuando sigues contando números con cien, siempre empiezas con la palabra ciento.

1**1**6, 1**1**7, 1**1**8, 1**1**9, 1**2**0

116 se dice ciento dieciséis.

¡Convénceme! ¿Cómo dices y muestras 110 cuando cuentas? ¿Qué número sigue?

Práctica guiada

Cuenta hacia adelante de 1 en 1. Escribe los números.

1. 116, __117__, 118, __119__, __120__

2. _____, 110, _____, _____, 113

3. 104, _____, _____, 107, _____

290 doscientos noventa

Tema 7 | Lección 2

Nombre _____

Práctica independiente Cuenta hacia adelante de 1 en 1. Escribe los números.

4. 110, _____, _____, _____, 114

5. 52, _____, _____, 55, _____

6. _____, 94, _____, 96, _____

7. _____, 102, 103, _____, _____

8. _____, _____, 115, _____, 117

9. 67, _____, _____, _____, 71

Sentido numérico Usa las pistas para hallar cada número misterioso.

10. Pista 1: El número está después del 116.
    Pista 2: El número está antes del 120.
    El número misterioso podría ser:

    _____, _____, _____

    Pista 3: El número tiene 8 unidades.
    Encierra en un círculo el número misterioso.

11. Pista 1: El número está antes del 108.
    Pista 2: El número está después del 102.
    El número misterioso podría ser:

    _____, _____, _____, _____

    Pista 3: El número tiene 5 unidades.
    Encierra en un círculo el número misterioso.

Tema 7 | Lección 2   doscientos noventa y uno **291**

Resolución de problemas   Resuelve cada problema.

12. **Vocabulario** Marta cuenta hasta 120. Dice el número que es uno **más** que 113. ¿Qué número dice?

13. En esta tabla, Tom escribió los números del 102 al 108 en orden. Pero algunos números se borraron. Ayuda a Tom a escribir los números que se borraron en su tabla.

102		104	105			108

14. **Razonar** Charo cuenta 109 tapas de botella. Luego, cuenta 4 más. ¿Cuántas tapas de botella ha contado Charo?

_____ tapas de botella

Piensa en los números que cuentas hacia adelante.

15. **Razonamiento de orden superior** Escoge un número mayor que 99 y menor que 112. Escríbelo en el recuadro.

Después, escribe los tres números que van antes y el número que va después.

_____, _____, _____, ☐, _____

16. **Práctica para la evaluación** ¿Qué filas de números están en el orden correcto de 1 en 1? Selecciona las dos que apliquen.

☐ 103, 104, 105, 102

☐ 117, 118, 119, 120

☐ 101, 102, 103, 104

☐ 114, 112, 110, 108

292   doscientos noventa y dos   Tema 7 | Lección 2

Nombre _____

Lección 7-3
Contar en una tabla numérica hasta 120

Resuélvelo y coméntalo

Escoge un número y escríbelo en el recuadro.
¿Cómo puedes encontrar un número que es 1 más?
Escribe ese número. Luego, escribe los siguientes 3 números.

Puedo...
contar en una tabla numérica hasta 120.

También puedo buscar patrones.

1	2	3	4	5	6	7	8	9	10
11	12	13	14	15	16	17	18	19	20
21	22	23	24	25	26	27	28	29	30
31	32	33	34	35	36	37	38	39	40
41	42	43	44	45	46	47	48	49	50
51	52	53	54	55	56	57	58	59	60
61	62	63	64	65	66	67	68	69	70
71	72	73	74	75	76	77	78	79	80
81	82	83	84	85	86	87	88	89	90
91	92	93	94	95	96	97	98	99	100

☐ ____ , ____ , ____ , ____

Tema 7 | Lección 3

Puente de aprendizaje visual

Puedes hallar patrones cuando cuentas hacia adelante en una **tabla de 100**.

1	2	3	4	5	6	7	8	9	10
11	12	13	14	15	16	17	18	19	20
21	22	23	24	25	26	27	28	29	30
31	32	33	34	35	36	37	38	39	40
41	42	43	44	45	46	47	48	49	50
51	52	53	54	55	56	57	58	59	60
61	62	63	64	65	66	67	68	69	70
71	72	73	74	75	76	77	78	79	80
81	82	83	84	85	86	87	88	89	90
91	92	93	94	95	96	97	98	99	100

El **dígito de las decenas** en cada número de esta **fila** es 1.

1	2	3	4
11	**12**	**13**	**14**
21	22	23	24
31	32	33	34

El **dígito de las unidades** en cada número de esta **columna** es 4.

1	2	3	**4**
11	12	13	**14**
21	22	23	**24**
31	32	33	**34**

Una tabla numérica puede contener números mayores que 100.

81	82	83	84	85	86	87	88	89	90
91	92	93	94	95	96	97	98	99	100
101	102	103	104	105	106	107	108	109	110
111	112	113	114	115	116	117	118	119	120

Los números mayores que 100 siguen el mismo patrón.

¡Convénceme! ¿Cómo cambian los números en una tabla numérica?

Práctica guiada

Cuenta de 1 en 1. Escribe los números. Usa la tabla numérica para ayudarte.

1. 14, _15_, _16_, _17_, _18_

2. 21, ____, ____, ____, ____

3. 103, ____, ____, ____, ____

4. ____, ____, 49, ____, ____

294 doscientos noventa y cuatro

Nombre _____

Práctica independiente

Cuenta de 1 en 1. Escribe los números. Usa la tabla numérica para ayudarte.

5. ____, 65, ____, ____, ____

6. ____, 52, ____, ____, ____

7. ____, ____, 83, ____, ____

8. 110, ____, ____, ____, ____

9. ____, ____, ____, ____, 79

10. ____, ____, ____, ____, 98

11. ____, ____, ____, ____, 91

12. ____, ____, ____, 102, ____

Razonamiento de orden superior Mira cada tabla numérica. Escribe los números que faltan.

13.

34		36	
	45		47

14.

	98		
107			110

Tema 7 | Lección 3

doscientos noventa y cinco **295**

Resolución de problemas — Usa la tabla numérica para resolver cada problema.

1	2	3	4	5	6	7	8	9	10
11	12	13	14	15	16	17	18	19	20
21	22	23	24	25	26	27	28	29	30
31	32	33	34	35	36	37	38	39	40
41	42	43	44	45	46	47	48	49	50
51	52	53	54	55	56	57	58	59	60
61	62	63	64	65	66	67	68	69	70
71	72	73	74	75	76	77	78	79	80
81	82	83	84	85	86	87	88	89	90
91	92	93	94	95	96	97	98	99	100
101	102	103	104	105	106	107	108	109	110
111	112	113	114	115	116	117	118	119	120

15. Usar herramientas Beto contó hacia adelante hasta 50. ¿Cuáles son los siguientes 5 números que cuenta? Escribe los números.

50, _____, _____, _____, _____, _____

16. Usar herramientas Sara contó hacia adelante hasta 115. ¿Cuáles son los siguientes 5 números que cuenta? Escribe los números.

115, _____, _____, _____, _____, _____

17. Razonamiento de orden superior
Escoge un número de la tabla numérica. Cuenta hacia adelante y escribe los números.

_____, _____, _____, _____, _____,

_____, _____, _____, _____,

18. ☑ Práctica para la evaluación Une con una flecha el número que falta en la tabla numérica.

| 75 | | 100 | | 101 | | 114 |

| 112 | 113 | | 115 | 116 | 117 | 118 |

296 doscientos noventa y seis   Copyright © Savvas Learning Company LLC. All Rights Reserved.   **Tema 7** | Lección 3

Nombre _____

Resuélvelo y coméntalo

Cuenta de 10 en 10, empezando en 10. Colorea de amarillo los números que cuentes. ¿Qué patrón ves? Cuenta de 1 en 1, empezando en 102. Encierra en un cuadrado rojo cada número que cuentes. Cuenta de 10 en 10, empezando en 34. Encierra en un círculo azul cada número que cuentes. Describe los patrones que ves en cada grupo.

Lección 7-4
Contar de 1 en 1 o de 10 en 10 hasta 120

Puedo...
hallar patrones en una tabla numérica.

También puedo usar razonamientos repetidos.

1	2	3	4	5	6	7	8	9	10
11	12	13	14	15	16	17	18	19	20
21	22	23	24	25	26	27	28	29	30
31	32	33	34	35	36	37	38	39	40
41	42	43	44	45	46	47	48	49	50
51	52	53	54	55	56	57	58	59	60
61	62	63	64	65	66	67	68	69	70
71	72	73	74	75	76	77	78	79	80
81	82	83	84	85	86	87	88	89	90
91	92	93	94	95	96	97	98	99	100
101	102	103	104	105	106	107	108	109	110
111	112	113	114	115	116	117	118	119	120

Puente de aprendizaje visual

Al contar en una tabla numérica puedes encontrar patrones.

Cuenta de 10 en 10.
10, 20, 30, 40

Cuenta de 1 en 1 desde 58 hasta 61.
58, 59, 60, 61

Cuenta de 10 en 10, empezando en 84.
84, 94, 104, 114

¡Convénceme! Compara el conteo de 1 en 1 con el de 10 en 10. ¿En qué se parecen los patrones? ¿En qué se diferencian?

Práctica guiada Escribe los números que siguen en cada patrón. Usa la tabla numérica para ayudarte.

1. Cuenta de 1 en 1.

   112, 113, 114, __115__, __116__, __117__, __118__, __119__, __120__

2. Cuenta de 10 en 10.

   22, 32, 42, ____, ____, ____, ____, ____, ____

3. Cuenta de 1 en 1.

   90, 91, 92, ____, ____, ____, ____, ____

298 doscientos noventa y ocho Tema 7 | Lección 4

Nombre _____

> **Práctica independiente** Escribe los números que siguen en cada patrón. Usa la tabla numérica para ayudarte.

4. Cuenta de 10 en 10.

10, 20, 30, ____, ____, ____, ____, ____, ____, ____, ____

5. Cuenta de 10 en 10.

35, 45, 55, ____, ____, ____, ____, ____

6. Cuenta de 1 en 1.

102, 103, 104, ____, ____, ____, ____, ____, ____, ____, ____

Sentido numérico Escribe los números que faltan en la siguiente tabla numérica. Luego, escribe los tres números que siguen en el patrón de los números que escribiste. Explícalo.

7.

62	63	64	65	66	67	68	69	70
72	73	74	75	76	77	78	79	80
82	83	84	85	86	87	88	89	90

____, ____, ____

Tema 7 | Lección 4

doscientos noventa y nueve **299**

Resolución de problemas Resuelve cada problema. Usa la tabla para contar.

8. Buscar patrones Anita saca a pasear al perro de su vecino para ganar dinero. Anita paseó al perro desde el Día 13 hasta el Día 19 una vez al día. ¿Cuántas veces sacó a pasear el perro Anita?

_____ veces

1	2	3	4	5	6	7	8	9	10
11	12	13	14	15	16	17	18	19	20

9. Buscar patrones Mario empezó sus clases el Día 5. Toma clases de natación cada 10 días. ¿Cuántas clases tomará en 30 días?

_____ clases

1	2	3	4	5	6	7	8	9	10
11	12	13	14	15	16	17	18	19	20
21	22	23	24	25	26	27	28	29	30

Explica el patrón.

10. Razonamiento de orden superior
Amanda cuenta hasta 30. Solo cuenta 3 números. ¿Contó Amanda de 1 en 1 o de 10 en 10? Usa dibujos, números o palabras para explicarlo.

11. ☑ Práctica para la evaluación
Toño está contando de 10 en 10, empezando en el 54.

54, 74, 84, 94, 114

¿Qué números se le olvidó contar a Toño?

300 trescientos

Copyright © Savvas Learning Company LLC. All Rights Reserved.

Tema 7 | Lección 4

Nombre _____

Lección 7-5
Contar con una recta numérica vacía

Resuélvelo y coméntalo Usa la recta numérica vacía para mostrar cómo contar de 78 a 84.

Puedo...
contar hasta 120 usando una recta numérica vacía.

También puedo representar con modelos matemáticos.

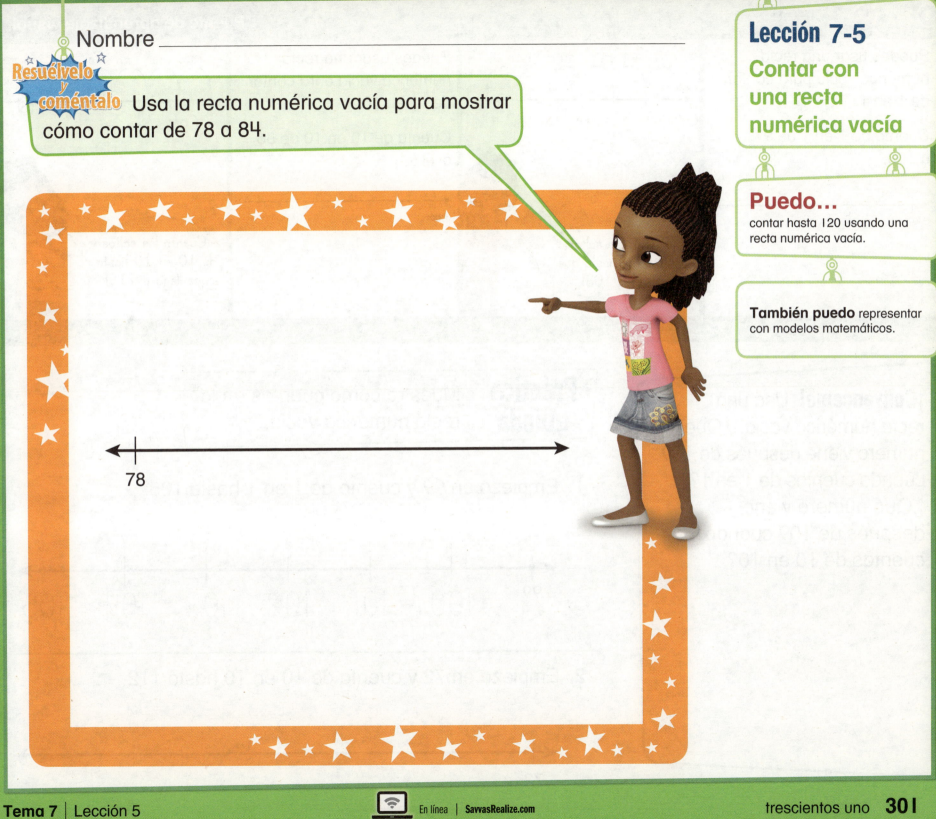

78

Tema 7 | Lección 5 · trescientos uno **301**

Puente de aprendizaje visual

Puedes usar una recta numérica vacía para contar de 1 en 1.

Cuenta de 1 en 1 de 97 a 103.

Puedes usar una recta numérica vacía para contar de 10 en 10.

Cuenta de 10 en 10 de 56 a 116.

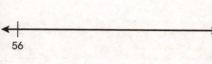

¡Convénceme! Usa una recta numérica vacía. ¿Qué número viene después de 109 cuando cuentas de 1 en 1? ¿Qué número viene después de 109 cuando cuentas de 10 en 10?

Práctica guiada Muestra cómo cuentas en la recta numérica vacía.

1. Empieza en 99 y cuenta de 1 en 1 hasta 105.

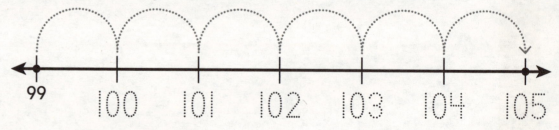

2. Empieza en 72 y cuenta de 10 en 10 hasta 112.

302 trescientos dos · Tema 7 | Lección 5

Nombre _____

Práctica independiente

Muestra cómo cuentas en la recta numérica vacía.

3. Empieza en 89 y cuenta de 10 en 10 hasta 119.

4. Empieza en 111 y cuenta de 1 en 1 hasta 118.

5. **Sentido numérico** Teresa y David dibujaron cada uno una recta numérica que empieza en 27. Teresa cuenta de 1 en 1 cinco veces. David cuenta de 10 en 10 cinco veces.

¿Terminarán de contar en el mismo número Teresa y David? Explícalo.

Teresa   David

Escribe los números en las rectas numéricas para ayudarte a hallar la respuesta.

Tema 7 | Lección 5   trescientos tres **303**

Resolución de problemas Usa la recta numérica para resolver cada problema-cuento.

6. **Representar** Pedro cuenta 41 canicas. Luego, cuenta 8 canicas más.
¿Cuántas canicas contó en total?

_____ canicas

7. **Razonamiento de orden superior** El lunes, Carmen puso 12 monedas de 1¢ en su alcancía.
El martes, puso algunas monedas de 1¢ más.
Carmen puso 19 monedas de 1¢ en total en su alcancía.

¿Cuántas monedas de 1¢ puso el martes?

_____ monedas de 1¢

8. **Práctica para la evaluación** Tim hizo esta recta numérica para mostrar cómo contó.
Completa la siguiente oración para decir cómo contó Tim.

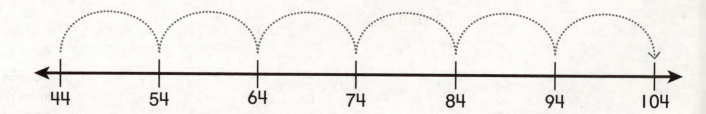

Tim contó de _____ de _____ a _____.

304 trescientos cuatro

Nombre _____

Lección 7-6
Contar y escribir números

Resuélvelo y coméntalo — Mira las naranjas. Cuenta para saber cuántas hay en total y luego escribe el número abajo. Explica cómo contaste las naranjas.

Puedo...
escribir un número para mostrar cuántos objetos hay en un grupo.

También puedo usar razonamientos repetidos.

Hay _____ naranjas.

Tema 7 | Lección 6 · En línea | SavvasRealize.com · trescientos cinco **305**

Puente de aprendizaje visual

¿Cuántas calcomanías hay?

¿Cuál es la mejor manera de contar esta cantidad de calcomanías?

Puedes contar de 1 en 1.

¡Hay 41 calcomanías!

También puedes contar de 10 en 10.

Puedo contar 10, 20, 30, 40. Luego, puedo sumar el 1 que queda y así obtener 41 calcomanías.

¡Convénceme! Empieza en 19 y cuenta 6 más. Luego, escribe el número que obtuviste.

Práctica guiada

Cuenta los objetos de la manera que prefieras y escribe cuántos hay en total.

1.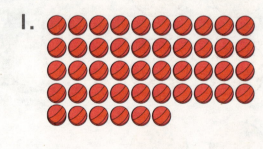

   46 pelotas

2.

   _____ conejos

306 trescientos seis | Tema 7 | Lección 6

Nombre _____

Práctica independiente

Cuenta los objetos y escribe cuántos hay en total.

3.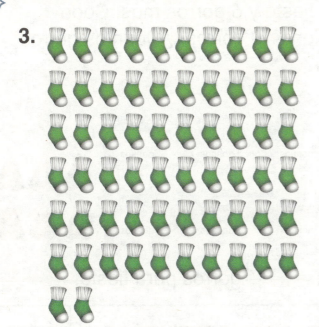
_____ calcetines

4.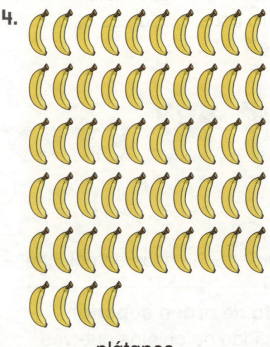
_____ plátanos

Usa bloques de valor de posición para contar las decenas y las unidades. Luego, escribe cuántas hay en total.

5.
_____ decenas
_____ unidades
_____ en total

6.
_____ decenas
_____ unidades
_____ en total

7.
_____ decenas
_____ unidades
_____ en total

Tema 7 | Lección 6

Resolución de problemas
Resuelve los siguientes problemas.

8. Razonar Daniel encontró 3 cajas de osos de peluche y 4 osos más. Cada caja contiene 10 osos. ¿Cuántos osos encontró Daniel?

Daniel encontró _____ osos de peluche.

9. Razonar Beti tiene 8 cajas de gorros para una fiesta y 6 gorros más. Cada caja contiene 10 gorros. ¿Cuántos gorros tiene Beti?

Beti tiene _____ gorros para fiesta.

10. Razonamiento de orden superior Escribe la cantidad de objetos que ves. Di cómo los contaste.

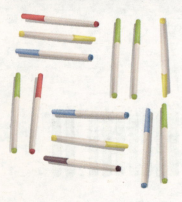

_____

11. Práctica para la evaluación ¿Cuántas fresas hay?

Ⓐ 18
Ⓑ 24
Ⓒ 26
Ⓓ 62

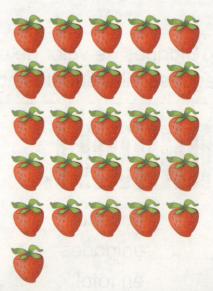

308 trescientos ocho

Puente de aprendizaje visual

A Matías se le cayeron algunas piezas del rompecabezas al piso. Hay 61 piezas todavía en la caja. ¿Cómo puede saber Matías la cantidad total de piezas del rompecabezas?

¿Cómo puedes usar lo que ya sabes para resolver el problema?

Puedo buscar métodos cortos y cosas que se repitan.

Encierra en un círculo un grupo de 10 y cuéntalo. Repite el proceso hasta que ya no haya grupos de 10. Luego, cuenta hacia adelante de 1 en 1.

61, 71, 81, 82, 83 84, 85. Hay 85 piezas del rompecabezas en total.

¡Convénceme! ¿Por qué contar de 10 en 10 y luego de 1 en 1 es mejor que contar 1 a la vez?

Práctica guiada ¿Cuántos hay en total? Usa un método corto para contar hacia adelante y di qué método usaste.

1.

__58__ zapatos
Conté hacia adelante de
__10 en 10 y de 1 en 1__.

2.

____ pastelitos
Conté hacia adelante de
_____.

310 trescientos diez

Tema 7 | Lección 7

Nombre _____

Práctica independiente — ¿Cuántos hay en total? Usa un método corto para contar hacia adelante y di qué método usaste.

3.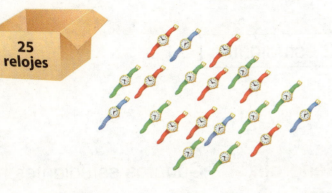

_____ relojes

Conté hacia adelante de _____.

4.

_____ vagones de tren

Conté hacia adelante de _____.

5.

_____ libros

Conté hacia adelante de _____.

6.

_____ escritorios

Conté hacia adelante de _____.

Tema 7 | Lección 7

Resolución de problemas

Tarea de rendimiento

Estudiantes y muñecos de nieve
62 estudiantes se quedaron adentro en el recreo. Los que salieron hicieron un muñeco de nieve cada uno. ¿Cómo puedes contar para saber la cantidad total de estudiantes?

62 estudiantes

7. **Entender** ¿Qué sabes sobre los estudiantes? ¿Qué necesitas hallar?

_____
_____
_____
_____

8. **Razonar** ¿Qué me dice la cantidad de muñecos de nieve?

_____
_____
_____

9. **Generalizar** ¿Cuántos estudiantes hay en total? ¿Qué método corto puedes usar para hallar la respuesta?

_____
_____
_____
_____
_____
_____
_____
_____

Nombre _____

TEMA 7 — Actividad de práctica de fluidez

Colorea las casillas que tengan estas sumas y diferencias. Deja el resto en blanco.

8   **5**   **6**

Puedo... sumar y restar hasta el 10.

También puedo hacer mi trabajo con precisión.

4 + 2	5 − 3	0 + 6	6 + 2	8 + 1	7 + 1	8 − 3	7 − 6	1 + 4
9 − 3	10 − 3	8 − 2	10 − 2	2 − 2	2 + 6	2 + 3	2 + 2	6 − 1
10 − 4	6 + 0	3 + 3	1 + 7	10 − 7	3 + 5	1 + 2	5 − 0	9 − 0
5 + 1	1 + 1	2 + 4	5 + 3	9 − 5	9 − 1	4 − 1	0 + 5	9 − 7
7 − 1	1 − 1	6 − 0	8 − 0	4 + 4	0 + 8	10 − 3	3 + 2	5 − 2

La palabra es

_____ _____ _____

Tema 7 | Actividad de práctica de fluidez   trescientos trece   **313**

TEMA 7 — Repaso del vocabulario

Lista de palabras
- columna
- dígito de las decenas
- dígito de las unidades
- fila
- tabla de 100
- tabla numérica

Comprender el vocabulario

1. Encierra en un círculo el número que muestra el dígito de las unidades.

    106

2. Encierra en un círculo el número que muestra el dígito de las decenas.

    106

3. Encierra en un círculo una columna de esta parte de la tabla de 100.

87	88	89	90
97	98	99	100

4. Encierra en un círculo una fila de esta parte de una tabla numérica.

107	108	109	110
117	118	119	120

5. Encierra en un círculo el número que es 1 más que 101.

97	98	99	100
101	102	103	104

Usar el vocabulario al escribir

6. Completa la tabla numérica para contar hacia adelante de 96 a 105. Luego, explica la diferencia entre una tabla numérica y una tabla de 100 y rotula la tabla usando palabras de la Lista de palabras.

91	92	93	94	95					
					106	107	108	109	110

Nombre _____

Refuerzo

Grupo A

Puedes contar de 10 en 10 cuando tienes muchos objetos que contar.

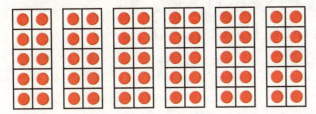

Hay __6__ decenas.

6 decenas = __60__

El nombre de 60 es __sesenta__.

Cuenta de 10 en 10. Escribe el número que contaste de 3 maneras diferentes.

1.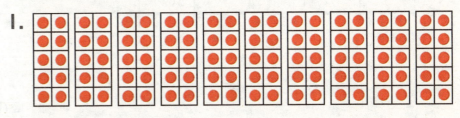

    _____ decenas.

    número: _____

    nombre o número en palabras: _____.

Grupo B

Puedes usar una tabla numérica para contar hacia adelante de 1 en 1 o de 10 en 10.

81	82	83	84	85	86	87	88	89	90
91	92	93	94	95	96	97	98	99	100
101	102	103	104	105	106	107	108	109	110
111	112	113	114	115	116	117	118	119	120

Contar hacia adelante de 1 en 1.

99, 100, __101__, __102__, __103__

Usa una tabla numérica para contar hacia adelante.

2. Cuenta de 10 en 10.

    80, _____, _____, _____, _____

3. Cuenta de 1 en 1.

    114, _____, _____, _____, _____

Tema 7 | Refuerzo   trescientos quince **315**

Grupo C

Puedes usar una recta numérica vacía para contar hacia adelante de 1 en 1 o de 10 en 10.

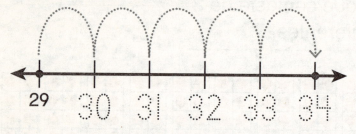

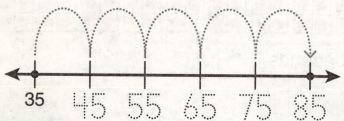

Cuenta hacia adelante usando la recta numérica vacía.

4. Empieza en 62. Cuenta hacia adelante de 10 en 10 hasta 102.

5. Empieza en 97. Cuenta hacia adelante de 1 en 1 hasta 101.

Grupo D

Hábitos de razonamiento

Razonamientos repetidos

¿Hay algo que se repite en el problema? ¿Cómo me puede ayudar eso?

¿Hay algún método corto que tenga sentido?

Cuenta hacia adelante por grupos para hallar cuántos hay en total.

6. Quedan 80 piezas en la caja. ¿Cuántas piezas del rompecabezas hay en total? Explica cómo contaste.

_____ piezas

Nombre _____

1. Cuenta de 10 en 10. ¿Qué número se muestra?
   Escribe el número de 3 maneras diferentes.

   _____ decenas

   número: _____

   número en palabras: _____

Usa la siguiente parte de la tabla numérica para resolver cada problema.

91	92	93	94	95	96	97	98	99	100
101	102	103	104	105	106	107	108	109	110
111	112	113	114	115	116	117	118	119	120

2. Cora cuenta de 1 en 1 98 monedas de 1¢.
   ¿Qué número dirá Cora después?

   89 Ⓐ   90 Ⓑ   99 Ⓒ   108 Ⓓ

3. Sam cuenta de 10 en 10.

   80, 90, 100, 120

   ¿Qué número olvidó contar Sam?

   89 Ⓐ   105 Ⓑ   110 Ⓒ   115 Ⓓ

Tema 7 | Práctica para la evaluación   trescientos diecisiete **317**

Muestra tu conteo en la recta numérica vacía.

4. Empieza en 58. Cuenta hacia adelante de 10 en 10 hasta 98.

⟵—————————————⟶

5. Empieza en 114. Cuenta hacia adelante de 1 en 1 hasta 118.

⟵—————————————⟶

6. Alex ve los pollitos en la granja.
50 pollitos están dentro del gallinero.
¿Cuántos pollitos hay en total?
Usa el dibujo para resolver el problema.

Ⓐ 68

Ⓑ 72

Ⓒ 78

Ⓓ 80

7. El granjero dice que había 82 pollitos esta mañana.
Algunos de los pollitos están escondidos. ¿Cuántos pollitos están escondidos?
Usa tu respuesta del Ejercicio 6 para resolver el problema. Luego explica cómo lo sabes.

Nombre _____

Las canicas de Melisa
Melisa colecciona canicas y las guarda en frascos.

1. ¿Cuántas canicas azules tiene Melisa?
   Encierra en un círculo cada grupo de 10.
   Luego, cuenta de 10 en 10.
   Escribe los números y el número en palabras.

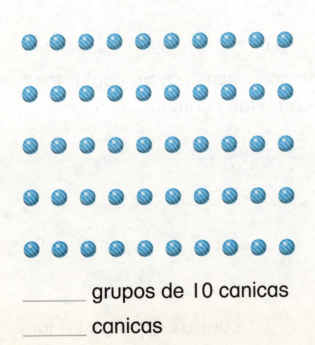

_____ grupos de 10 canicas

_____ canicas

_____ canicas

2. Melisa tiene algunas canicas rayadas. Usa estas pistas para saber cuántas tiene.

   Pista 1: El número está después de 110.

   Pista 2: El número está antes de 120.

   Pista 3: El número **NO** tiene 4 unidades.

   Pista 4: El número del lugar de las unidades es igual al número en el lugar de las decenas.

   Melisa tiene _____ canicas rayadas.

3. Melisa tiene 105 canicas pequeñas en un frasco. Pone 13 canicas pequeñas más en el frasco. ¿Cuántas canicas pequeñas tiene en el frasco ahora?

Usa la recta numérica o la tabla numérica para resolver el problema. Luego explica cómo lo resolviste.

81	82	83	84	85	86	87	88	89	90
91	92	93	94	95	96	97	98	99	100
101	102	103	104	105	106	107	108	109	110
111	112	113	114	115	116	117	118	119	120

_____

_____

_____

_____

Hay _____ canicas pequeñas en el frasco.

4. Melisa tiene 48 canicas grandes en un frasco. Hay más canicas grandes en el piso. ¿Cómo puedes contar para hallar cuántas canicas grandes tiene Melisa en total?

48 canicas

¿Qué sabes sobre las canicas grandes?

_____

_____

¿Qué método corto usaste para contar las canicas? Di cómo las contaste.

_____

_____

_____

_____

Melisa tiene _____ canicas grandes en total.

Glosario

1 más
5 es 1 más que 4.

1 menos
4 es 1 menos que 5.

10 más
10 más que un número es 1 decena más o 10 unidades más.

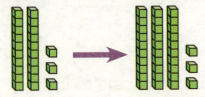

10 menos
20 es 10 menos que 30.

adentro/dentro
Los perros están dentro de la casa. Están adentro.

afuera/fuera
5 perros están jugando fuera de su casa. 5 perros están jugando afuera.

agrupar
Poner objetos en grupos de acuerdo a lo que tienen en común.

Los botones están agrupados por tamaño.

aristas

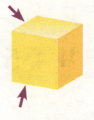

atributo
Algo sobre un tipo de figura que sirve para definir esa figura.

C

caras

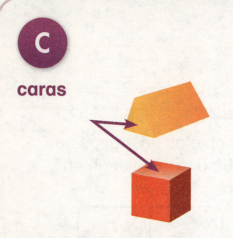

casi doble

Operación de suma que tiene un sumando que es 1 o 2 más que el otro sumando.

 $4 + 5 = 9$

4 + 4 = 8. 8 y 1 más son 9.

centavo (¢)

Valor unitario de las monedas en el contexto del dinero.

cilindro

columna

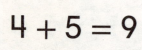

columna

comparar

Averiguar en qué se parecen o se diferencian las cosas.

cono

contar hacia adelante

Puedes contar hacia adelante desde un número de 1 en 1 o de 10 en 10.

15, 16, 17, 18
20, 30, 40, 50

contar hacia atrás

Contar hacia atrás desde un número de 1 en 1 o de 10 en 10.

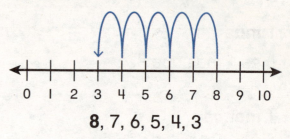

8, 7, 6, 5, 4, 3

cuadrado

cuartas partes

El cuadrado está dividido en cuartas partes.

cuartos

El cuadrado está dividido en cuartos, otra palabra para nombrar las cuartas partes.

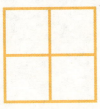

cubo

datos

Información que se reúne.

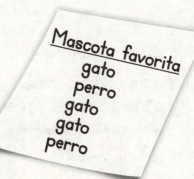

decena

Un grupo de 10.

descomponer

Separar un número en dos partes.

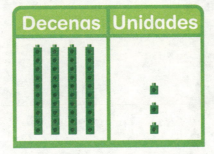

43 son 4 decenas y 3 unidades.

diferencia

La cantidad que queda después de restar.

$4 - 1 = 3$

La diferencia es 3.

dígito de las decenas

El dígito de las decenas muestra cuántos grupos de 10 hay en un número.

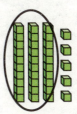

35 tiene 3 decenas.

35

dígito de las unidades

El dígito de las unidades en 43 es 3.

dígito de las unidades

dígitos

Los números tienen 1 o más dígitos.

43 tiene 2 dígitos.
El dígito de las decenas es 4.
El dígito de las unidades es 3.

43

Glosario G3

dólar

Dinero, generalmente en papel, que tiene un valor de 100 centavos.

frente   dorso

ecuación

Un enunciado matemático que tiene un signo igual.

$6 + 4 = 10$ $6 - 2 = 4$
$10 = 6 + 4$ $4 = 6 - 2$

ecuación de resta

$12 - 4 = 8$

ecuación de suma

$3 + 4 = 7$

---

encuestar

Reunir información.

en punto

8:00
8 en punto

---

en total

Hay 4 pájaros en total.

es igual a

Tiene el mismo valor; $5 + 2$ es igual a 7.

esfera

familia de operaciones

Un grupo de operaciones relacionadas de suma y resta.

$3 + 5 = 8$
$5 + 3 = 8$
$8 - 3 = 5$
$8 - 5 = 3$

figuras bidimensionales

círculo rectángulo cuadrado triángulo

figuras tridimensionales

Todas estas son figuras tridimensionales.

fila

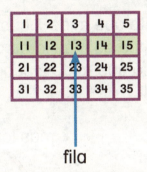

fila

forma estándar

Un número que se muestra en dígitos.

28

formar 10

7 + 4 = ?

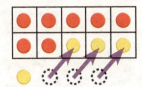

$$\begin{array}{r}10\\+\ 1\\\hline 11\end{array}$$ por tanto $$\begin{array}{r}7\\+\ 4\\\hline 11\end{array}$$

H

hexágono

hora

Una hora son 60 minutos.

2:00

L

lado

Estas figuras tienen lados rectos.

longitud

La distancia que hay de un extremo a otro de un objeto.

manecilla de la hora

La manecilla pequeña en el reloj es la manecilla de la hora. La manecilla de la hora indica la hora.

manecilla de la hora

Son las 3:00.

marcas de conteo

Marcas que se usan para anotar cantidades agrupadas en 5.

más

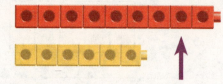

La fila roja tiene más cubos.

más

$$5 + 4$$

5 más 4

Esto significa que se añade 4 a 5.

más corto(a)

Un objeto que mide 2 cubos de longitud es más corto que uno que mide 7 cubos de longitud.

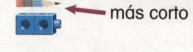 ← más corto

más corto(a), el/la

El objeto más corto es aquel que necesita la menor cantidad de unidades de medición para medirse.

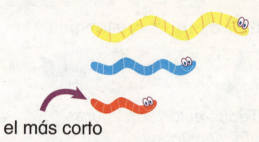

el más corto

más largo(a)

Un objeto que mide 7 cubos de longitud es más largo que un objeto que mide 2 cubos de longitud.

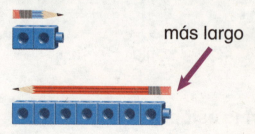

más largo

más largo(a), el/la

El objeto que necesita más unidades para medirse es el más largo.

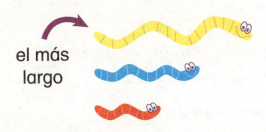

el más largo

mayor, el/la

El número o grupo con el valor más grande.

| 7 | 11 | 23 |

23 es el número mayor.

mayor que (>)

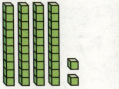

42 es mayor que 24.

Compara: 42 > 24.

media hora

Media hora son 30 minutos.

1:30

medir

Puedes medir la longitud con unidades de longitud del mismo tamaño. El marcador mide 3 clips de longitud.

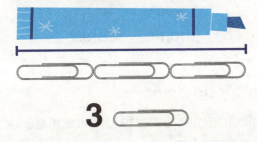

3

menor, el/la

El número o grupo con el valor más pequeño.

| 7 | 11 | 23 |

7 es el número menor.

menor que (<)

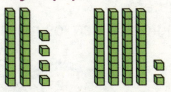

24 es menor que 42.

Compara: 24 < 42.

menos

Menor en número o cantidad.

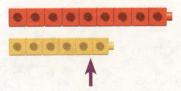

La fila amarilla tiene menos cubos.

Glosario G7

menos

$$5 - 3$$

5 menos 3

Esto significa que se quitan 3 a 5.

minutero

La manecilla larga del reloj es el minutero.
El minutero indica los minutos.

Son las 3:00.

minutos

60 minutos son 1 hora.

mitades

El círculo está dividido en mitades.

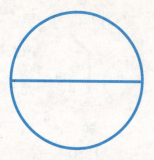

moneda de 1¢

Moneda que tiene un valor de 1 centavo.

frente   dorso

moneda de 5¢

Moneda que tiene un valor de 5 centavos.

frente   dorso

moneda de 10¢

Moneda que tiene un valor de 10 centavos.

frente   dorso

moneda de 25¢

Moneda que tiene un valor de 25 centavos.

frente   dorso

operación de suma

$$9 + 8 = 17$$

Glosario

operaciones relacionadas

Operaciones de suma y de resta que tienen los mismos números.

2 + 3 = 5
5 − 2 = 3

Estas son operaciones relacionadas.

orden

60   61   62   63

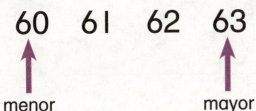

menor   mayor

Para contar, los números se pueden poner en orden de menor a mayor o de mayor a menor.

pajillas

Una unidad del mismo tamaño que se usa para medir la longitud.

parte

Un pedazo del todo.

2 y 3 son partes de 5.

parte que falta

La parte que no conocemos.

2 es la parte que falta.

partes iguales

4 partes iguales.

patrón

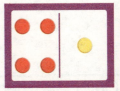

Puedes organizar 5 objetos en cualquier patrón, y seguirán siendo 5 objetos.

pictografía

Gráfica que usa dibujos para mostrar los datos.

prisma rectangular

quitar

Empiezo con	Quito	Quedan
6	3	3

$6 - 3 = 3$

Quitar es sacar una cantidad o restar.

recta numérica

Una recta numérica es una recta que muestra los números en orden de izquierda a derecha.

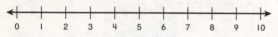

recta numérica vacía

Una recta numérica vacía es una recta numérica sin marcas.

rectángulo

restar

Cuando restas, hallas cuántos quedan.

$5 - 3 = 2$

signo igual (=)

$2 + 3 = 5$

signo igual

signo más (+)

$6 + 2 = 8$

signo menos (−)

$7 - 4 = 3$

suma de dobles

Operación de suma con los mismos sumandos.

$4 + 4 = 8$

4 y 4 es un doble.

G10 — Glosario

suma de dobles y más

Una operación de suma con un sumando que es 1 o 2 unidades más grande que el otro.

$$3 + 4 = 7$$
sumandos

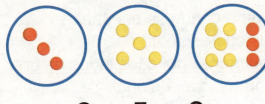

$$3 + 5 = 8$$
sumandos

suma o total

$$2 + 3 = 5$$
↑
suma o total

sumandos

Son los números que sumas para hallar el total.

$$2 + 3 = 5$$
↑ ↑

sumar

Cuando sumas, hallas cuántos hay en total.

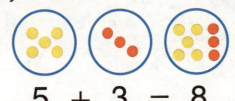

$$5 + 3 = 8$$

superficie plana

tabla de 100

Una tabla de 100 muestra todos los números del 1 al 100.

1	2	3	4	5	6	7	8	9	10
11	12	13	14	15	16	17	18	19	20
21	22	23	24	25	26	27	28	29	30
31	32	33	34	35	36	37	38	39	40
41	42	43	44	45	46	47	48	49	50
51	52	53	54	55	56	57	58	59	60
61	62	63	64	65	66	67	68	69	70
71	72	73	74	75	76	77	78	79	80
81	82	83	84	85	86	87	88	89	90
91	92	93	94	95	96	97	98	99	100

tabla de conteo

Una tabla de conteo tiene marcas para mostrar los datos.

Caminar	Ir en autobús

Glosario

tabla numérica

Una tabla numérica puede mostrar números mayores que 100.

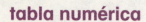

todo

Se suman las partes para hallar el todo.

El todo es 5.

trapecio

triángulo

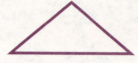

U

unidades

Ítems individuales.

 2 unidades

unir

Juntar.

3 y 3 son 6 en total.

V

vértice

Punto donde se encuentran las aristas de un cuerpo tridimensional o los lados de una figura bidimensional.

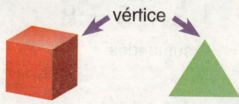

G12

Copyright © Savvas Learning Company LLC. All Rights Reserved.

Glosario

Fotografías

Every effort has been made to secure permission and provide appropriate credit for photographic material. The publisher deeply regrets any omission and pledges to correct errors called to its attention in subsequent editions.

Unless otherwise acknowledged, all photographs are the property of Savvas Learning Company LLC.

Photo locators denoted as follows: Top (T), Center (C), Bottom (B), Left (L), Right (R), Background (Bkgd)

1 MattiaATH/Shutterstock; **3** (T) Shawn Hempel/Shutterstock, (C) Apiguide/Shutterstock, (B) Jennifer Photography Imaging/iStock/Getty Images; **4** ESB Professional/Shutterstock, Nancy Hixson/Shutterstock; **53** Karen Faljyan/Shutterstock; **55** (T) Images-USA/Alamy Stock Photo, (B) Scott Prokop/Shutterstock; **56** (T) NASA, (B) Blickwinkel/Alamy Stock Photo; **105** (L) Fotografie4you/Shutterstock, (R) Chris Sargent/Shutterstock; **107** (T) Blickwinkel/Alamy Stock Photo, (C) Alison Eckett/Alamy Stock Photo, (B) Racheal Grazias/Shutterstock; **108** Best Photo Studio/Shutterstock, Bay015/Shutterstock; **157** (L) FloridaStock/Shutterstock, (R) 611248/Shutterstock, (R) Kalinavova/123RF; **159** (T) Foodcollection/Getty Images, (B) DeymosHR/Shutterstock; **160** (T) Frank Romeo/Shutterstock, (B) Steve Heap/Shutterstock; **209** Willyam Bradberry/Shutterstock; **211** (T) Sanit Fuangnakhon/Shutterstock, (C) 123RF, (B) Art Vandalay/Digital Vision/Getty Images; **212** Wckiw/123RF, Valdis Torms/Shutterstock; **249** (L) Nick barounis/Fotolia, (C) Umberto Shtanzman/Shutterstock, (R) Gudellaphoto/Fotolia; **251** (T) PK-Photos/E+/Getty Images, (B) Kira Garmashova/Shutterstock; **252** (T) Rawpixel.com/Shutterstock, (B) Gary Corbett/Alamy Stock Photo; **281** John Foxx Collection/Imagestate/DK Images; **283** (T) PhotoAlto/Anne-Sophie Bost/Getty Images, (C) Lakov Filimonov/Shutterstock, (B) Melnikof/Shutterstock; **284** Rawpixel.com/Shutterstock, Suwat Wongkham/Shutterstock; **321** (L) Chaoss/Fotolia, (R) Lipsett Photography Group/Shutterstock; **323** (T) Brent Hofacker/Shutterstock, (B) Prasit Rodphan/Shutterstock; **324** (T) Brent Hofacker/Shutterstock, (B) Kevin Schafer/Alamy Stock Photo; **361** Anton Petrus/Shutterstock; **363** (T) Anton Foltin/Shutterstock, (C) HD Cineman/iStock/Getty Images, (B) Markara/Shutterstock; **364** Nadya Eugene/Shutterstock, Mauro Rodrigues/Shutterstock; **397** (L) Baldas1950/Shutterstock, (R) Shooarts/Shutterstock; **399** (T) Brian J. Skerry/National Geographic/Getty Images, (B) Westend61/Getty Images; **400** (T) Lori Skelton/Shutterstock, (B) Andrea Izzotti/Shutterstock; **449** Yarek Gora/Shutterstock; **451** (T) Josh Cornish/Shutterstock, (C) Gregory Adams/Moment Open/Getty Images, (B) Shaun A Daley/Alamy Stock Photo; **452** I-m-a-g-e/Shutterstock, Yellow Cat/Shutterstock; **489** Studio 37/Shutterstock; **491** (T) Vojta Herout/Shutterstock, (B) Kohei Hara/Digital Vision/Getty Images, **492** (T) Light Field Studios/Shutterstock, (B) Studio 1One/Shutterstock; **517** Vereshchagin Dmitry/Shuhtterstock; **519** (T) George Rudy/Shutterstock, (C) People Image Studio/Shutterstock, (B) Sally and Richard Greenhill/Alamy Stock Photo; **520** 123RF, Maxop-Plus/Shutterstock; **553** Sergey Dzyuba/Shutterstock; **555** (T) Joyfull/Shutterstock, (B) R.Nagy/Shutterstock; **556** (T) Nattanan726/Shutterstock, (B) Roman Korotkov/Shutterstock; **605** (TL) Sumire8/Fotolia, (TR) Janifest/Fotolia, (BL) Isuaneye/Fotolia, (BR) Ftfoxfoto/Fotolia; **607** (T) Africa Studio/Shutterstock (C) Wollertz/Shutterstock, (B) Digitalpress/123RF; **612** Dmitry Melnikov/123RF, David Homen/Shutterstock, Melnikof/Shutterstock.